Wie man eyn teutsches Mannsbild bey Kräfften hält

Die Küchengeheimnisse des Mittelalters
wiederentdeckt von Hans J. Fahrenkamp

Kochbuchverlag Heimeran

Bildnachweis:
Wirt am Schanktisch:
Österreichische Nationalbibliothek,
Handschriftensammlung, Wien
Herrschaftliche Tafel:
Fotostudio Christian Teubner
Epfi in salse von Vanille:
Welser Kuche, Augsburg
Bäcker am Ofen:
Stadtbibliothek Nürnberg

Umschlaggestaltung: redpart Gauting

Archiv 531 · ISBN 3806310874
Gesamtherstellung: Druck- und
Buchbinderei-Werkstätten May & Co
Nachf., Darmstadt
Printed in Germany

Inhalt

Alle Rezepte sind, wenn nicht anders vermerkt, für 4 Personen berechnet

Abkürzungen

EL = Eßlöffel
TL = Teelöffel
Msp = Messerspitze
Pr = Prise
Schmalz = Schweineschmalz

Daz buch sagt von guter spise. Daz machet die unverrihtigen Koch wise.

Diese Einleitung aus dem ältesten Kochbuch der deutschen Sprache, der »Würzburger Pergamenthandschrift«, möchte ich an den Beginn meines Buches stellen, ist sie doch der Beginn dessen, was wir heute über die Küche unserer Vorfahren im Mittelalter erfahren können – und der Anstoß, der mich veranlaßte, dieses Buch zu schreiben. Denn als ich vor einigen Jahren zufällig in der Münchner Universitätsbibliothek auf dieses Buch stieß, war ich so fasziniert, daß mich der Gedanke, die Küche des Mittelalters wiederzuentdecken, nicht mehr losließ. Und die Rezepte ließen mir das Wasser im Mund zusammenlaufen. Was müssen das für herrliche Zeiten gewesen sein. Und die Menschen welche Genießer!

So begann ein großes Abenteuer. Das Abenteuer der Entdeckung längst vergessener Küchenkünste und Geheimnisse, verbunden mit dem Reiz der Ungewißheit, denn vorher wußte ich ja nie, wie das Gericht nun schmecken würde. Und zugegeben, einige Male habe ich Lehrgeld gezahlt – und mir den Magen verstimmt.

Wenn Sie – liebe Leserin, lieber Leser – jetzt die wiederentdeckten Küchengeheimnisse einer Zeit ausprobieren, die wir heute nur aus Sagen und Märchen kennen, so können Sie sicher sein, daß sie Ihnen vorzüglich schmecken werden.

Und ich wünsche Ihnen, daß Sie vom gleichen Entdeckungsfieber befallen werden wie alle meine Freunde, die mir oft als willkommene »Opfer« dienen mußten, wenn wieder ein neuentdecktes Gericht Premiere hatte.

Hans J. Fahrenkamp
März 1975

Ich bin ein Koch / für erbar Gest
Kan ich wol kochen auff das best /
Reiß / Pfeffer / ander gut Gemüß /
Vögel / Fisch / Sültzen / reß und süß /
Für den Bauren und Handwercksmann /
Hirß / Gersten / Linsen / Erbeiß und Bon /
Rotseck / Würst / Suppen / Rübn ūn Kraut
Darmit sie auch füllen ir Haut.

Titelbild eines Kochbuches aus dem Jahr 1587

von der Eehrlichen
zimlichen
unt erlaupten
Wolust des leibs,
sich inn Essen,
trincken und
kurtzweil etc.

Küche eines Hofes mit der großen Öllampe, der offenen Feuerstelle für Spießbraten, dem geschlossenen Reihenherd, fließendem Wasser und mehreren Arbeitstischen (Opera/Scappi 1570)

Der Titel eines der ältesten Kochbücher deutscher Sprache soll als Überschrift dieser Einführung in die Geheimnisse der Küche dienen, die die Stammutter unserer heutigen Kochkunst ist:

Die Küche des Mittelalters.

Kaum eine andere Überlieferung erzählt uns soviel vom Charakter einer Zeit wie ein Kochbuch. Alte Kochbücher sind zeitgeschichtliche Bilderbücher. Und je liebevoller man sich mit ihnen beschäftigt, desto ergiebiger wird ihre Aussage.

So erzählen uns die wenigen Kochbücher – Handschriften und Einzeldrucke – nicht nur viel über die Eßkultur ihrer Zeit, sondern auch über die Tischsitten und Gebräuche. Und darüber wie man an den Höfen, in den Klöstern und im Bürgerstand lebte. Es sind keine Kochbücher im heutigen Sinn. Es sind gesammelte Merkblätter für Eingeweihte, womit die zum großen Teil fehlenden Zutaten- und Mengenangaben zu erklären sind. Wenn Sie nun im Rezeptteil dieses Buches genaue, auf 4 Personen berechnete Angaben finden, so sind diese in langer, oft mühevoller Probiererei entstanden und zum Teil geringfügig verändert, um selbst die ausgefallensten Gerichte unseren heutigen Gaumen und Mägen zuträglich zu machen. Diese kleine »künstlerische« Freiheit mögen Sie entschuldigen.

Denn der in die damaligen Küchengeheimnisse eingeweihte Koch wollte mit seinen Merkzetteln keineswegs detaillierte Anweisungen für breite Kreise machen. Und so ist es sowohl für geübte Sprachforscher als auch für Experten der Kochkunst schwierig, die alten Handschriften ganz zu enträtseln, um die Gerichte heute nachzukochen. Was aber keinesfalls bedeutet, daß die alten Kochbuch-Handschriften damit mehr oder weniger unlesbarer Unsinn sind. Sie sind ganz im Gegenteil mit ihrer zeitgebundenen Sprache, ihrer einfachen Ausdrucksweise und der ihrer Zeit entsprechenden Kochweise farbige Bilder jener Zeit. So zeigen sie uns, wie der Handel mit den heidnischen Ländern des Orients blühte und wie vielerlei Fisch-, Geflügel- und Wildarten auf die Tische kamen.

Wir finden neben Forellen auch Brachsen, Äschen, Kaulbarsch und andere Fische. Neben Gans, Enten auch Krammetsvögel, Wachteln und Rebhuhn. Neben Hirsch, Reh und Wildschwein Bären, Igel, Biber, Eichkatzen und Murmeltiere. Und so exotisch anmutende Tiere wie Pfauen, Kraniche, Reiher, Lerchen und so weiter.

Oft sind diese Gerichte so seltsam zubereitet, daß wir uns heute nur fragen können, ob ein Mensch überhaupt in der Lage war, diese zu essen. So habe ich Rezepte entdeckt, bei denen aus zwei Enten ein Rehbraten gemacht wird. Oder aus einem Fisch eine gebratene Taube. Das vielleicht seltsamste Rezept fand ich in der Würzburger Pergamenthandschrift, dem ältesten Dokument der Kochkunst des Mittelalters in Deutschland, aus dem 14. Jahrhundert. Dieses Rezept zeigt, daß auch die Köche des Mittelalters nicht ohne eine gute Portion Humor waren:

Ein guet gerihte, der ez gern izzet.

Wiltu machen eyn guet geriht
so nim sydeln sweyz

daz macht den magen gar heiz
und nim kiselinges smaltz,
daz ist dem meisten guet, die do
sin hüffehaltz.
Und nim bromber und bresteling,
daz ist daz allerbeste ding.
bist tu niht an sinnen taup
so nim gruen wingart laup.
tu solt nemen binzen
lubstickel und minzen,
das sind guete wuertze
für die grosse fürtze.
nim stigelitzes versen und mucken
fuezze,
daz macht daz köstlin alles suezze.
daz ist guet unt mag wol sin
ein guet lecker spigerihtelin.
ach unt versaltz nur niht
wanne ez ist ein guet geriht.
Diz ist ein guete lere von gueter
spiese.

Sollten Sie es nachkochen wollen, so nehmen Sie: Sklavenschweiß, dies soll besonders dem Magen wohltun. Dazu geben Sie Kieselstein-Schmalz, das besonders Lendenlahmen zuträglich sein soll.

Darin sieden Sie Brombeeren und Erdbeeren, was das beste am Rezept ist. Das ganze würzen Sie nun, wenn Sie nicht sinnestaub sind, mit Binsenmehl, Liebstöckel und Minze.

Diese gute Würze fördert die Verdauung und ist gut für die »Abgase«.

Als Krönung kommen nun noch Stieglitzfersen und Mükkenfüße hinzu, die das Gericht köstlich süßen.

Guten Appetit!

Aber nicht nur eine gute Portion Humor hatten die Köche jener Zeit, sie waren auch äußerst einfallsreich, wenn man bedenkt, mit welchen fast noch primitiven Gerätschaften sie werkeln mußten, bestand doch das Küchengerät aus nicht mehr als dem großen Kessel über der offenen Flamme, dem dreifüßigen Metalltopf, der in der Glut stand, Pfannen und vor allem dem Rost oder dem Bratspieß. Was die Küchenmeister und ihre Helfer damit an Kunstwerken zauberten, ist geradezu begeisternd zu lesen. So hat ein Maistrekeu (= Meisterkoch) schon das heute so beliebte Flambieren erfunden. Er steckte einen glühenden Stein in ein Wildschweinmaul. Im Augenblick des Servierens übergoß er ihn mit Branntwein und die Flammen schossen hervor. Andere phantasievolle Spielereien waren große Pasteten, aus denen beim Anschneiden lebendige Tauben flogen oder sich bunte Blütenzweige entfalteten. Gebratenen Schweinen quollen beim Zerlegen fertige Würste aus dem Innern. Diese Schaukünste sind um so erstaunlicher, wenn wir auf die Möglichkeiten der Küche zurückschauen. Eine schon komfortabel eingerichtete Küche zeigt das nachstehende Bild aus der Opera von Bartolomeo Scappi, dem Leibkoch von Papst Pius V. Dieses erste im Jahre 1570 erschienene italienische Prunkkochbuch zeigt die Kücheneinrichtung jener Zeit: mit der großen Öllampe an der Decke, der Feuerstelle für die Spießbraten und dem Kochkessel darüber, mit der geschlossenen Herdreihe und den Messern im Holzklotz, mit dem fließenden Wasser und den Arbeitstischen und dem Riesenmörser. Eine Küche, die auf eine große Hofhaltung deutet.

Die wenigen Kochgeräte bestimmten natürlich auch die Kochkünste. So war der Mittelpunkt der damaligen Feinschmeckerei der Bratspieß, denn andere Möglichkeiten, schöne, knusprige Braten herzustellen, gab es nicht. So wurde der Bratspieß schon früh mit allen möglichen Verbesserungen ausgestattet. Er war so wichtig, daß selbst ein Genie wie Leonardo da Vinci sich mit ihm befaßte. Von dem mit einer Handkurbel durch einen Küchenjungen angetriebenen Spieß ging es über den mittels Windflügeln durch die aufsteigende Hitze bewegten zu mit groben Federwerken und komplizierten Mechanismen betriebenen Spießen. Und gebraten wurde alles – von Huhn bis zum Ochsen. Der Spieß war das Nonplusultra der Küche. Und eigentlich ist er es auch heute noch, denken wir an den Holzkohlengrill im Sommer oder den Grill mit Bratspieß im heimischen Backofen. Aber noch ein entscheidender Punkt ist zu nennen, wenn wir die Eßsitten des Mittelalters sehen: Es gab kaum Löffel. Messer als Tischgeräte waren Luxus. Und die Gabel war noch nicht erfunden, das heißt, sie fand erst im 16. Jahrhundert Eingang in die Tischsitten. Denn die Kirche widersetzte sich ihrer allgemeinen Verbreitung. Wie wir selbst aus großen Bildern berühmter Bankette sehen, gab es jeweils nur wenige Messer auf der Tafel, die reihum gereicht wurden. Ebensowenig wie Besteck gab es Eßgeschirr. Nur der Gastgeber aß vom Teller. Die Gäste legten ihre Speisen auf Brotfladen ab. Dieser Umstand war der Grund, warum sich schon früh die Kunst des Tranchierens zu hoher Blüte entwickelte. Und die Meister der Kunst des Tranchierens, die Truchsessen, waren nicht selten von adliger Herkunft. Das zeigt, daß das Tranchieren nicht nur ein kunstvoll geübtes Handwerk war, sondern zugleich ein

Mechanischer Bratenwender aus der Opera von Scappi (1570)

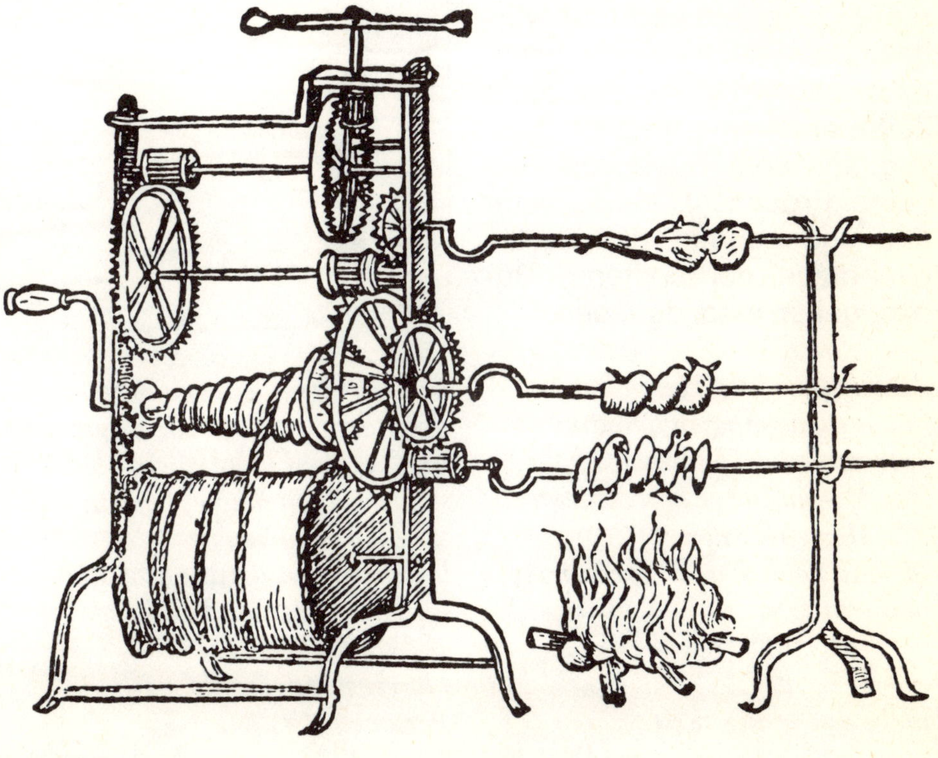

hohes, ehrenvolles Amt. Dem Truchseß oblag die Aufgabe mit speziellen, oft kunstvoll verzierten Messern den Braten – das Rebhuhn, den Fasan oder Hasen und sogar Spanferkel – nach ganz bestimmten Regeln in der Luft aufzuschneiden. Und jeder Tafelgast mußte ein gleich großes und gleich gutes Stück erhalten. Die Wichtigkeit des Tranchierens kommt mit der Erfindung der Buchdruckkunst auch in zahlreichen Werken zum Ausdruck, die als Lehrbücher für die Herren jener Zeit gedruckt wurden. Und welche Vorrangstellung die Fürschneyder jener Zeit einnahmen, mag ein Auszug aus dem Buch von Giacomo Procacchi, dem Trincir und Vorlegebuch, das als die Grundlage der späteren Bücher gelten mag, darlegen:

Der Gabeln und Messer Gebrauch:
Zum Vorlegen gehören eigendlich 5 Gabeln und 4 Messer, wie in der Figur zu sehen.
Die erste, welche besser ist, wann sie nicht gleich lange Spitzen hat, gebrauchet man zum Hasen, und Reh-Rücken, und gehört eigentlich darzu das Messer Num. 1. mit der Gabel Num. 2. mit Messer Num. 1. wird der Welsche-Haan, Auer-Haan, Gans, und andere zerschnitten.
Mit der Gabel Num. 3. oder 4. und Messer Num. 2. wird das Fleisch, so in Suppen, Capaunen, gesotten, und gebratene Hüner, Enten und dergleichen Sachen vorgelegt.
Mit der 4. oder 3ten nach Gelegenheit anderer Messer, Rebhüner, Junge Hüner und Täublein, und alles andere klein Geflügel trenchieret.
Letztens wird die kleinste Gabel und Messer zum Obst gebrauchet.

Tranchierbesteck

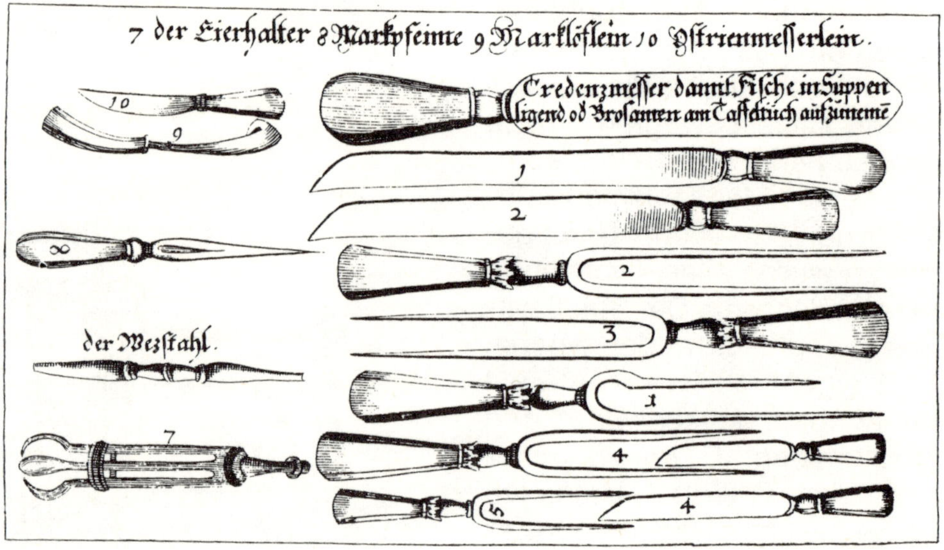

An Fürsten unnd Heren höfen
findet man gemeiniglich drey
unterschiedene personen
so auff mundsorge bestellt seyn
den Marschalk den
Mundschenken oder Credentzer
und den Trincicanten, unter
welchen emptern denn des
Fürschneyders
nicht das geringste ist
und wo nicht dem ersten
doch dem anderen an Reputation
unnd Hoheit nicht allein gleich
sondern auch meines bedünckens
weit vorzuziehen ist
welches denn daraus abzunehmen
weil dazu niemand anders
als Woladeliche
Herrenstandes und Gräfliche
Personen
pflegen gezogen zu werden
und denn auch offenbar ist
wie rechtschaffene Tafelschneider
nicht nur respectiret, sondern
auch jährlich stattlich bestellet syn.

Inmassen denn zu meiner Zeit
als ich zu Rom war
ein Cardinal seinen Trincirer
mehr als 1000 Dukaten verehrte.

Ein Gehalt, das für jene Zeit geradezu traumhaft war. Wie wichtig das Vorschneiden war, zeigen uns die folgenden Beispiele aus dem »Neu Vermehrt Nützliches Trenchier-Buch« von Andreas Klett, das als eines der ersten Fachbücher deutscher Sprache gelten darf.

Die Anleitungen sind so genau, daß man fast von Gesetzen sprechen mag:

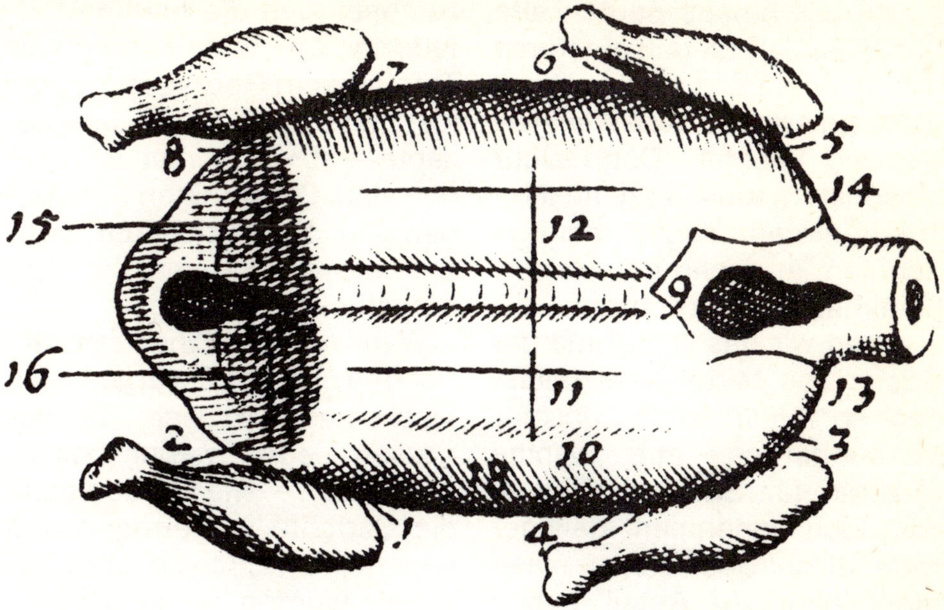

Die Ganß.

Bringe dieselbe auff die Gabel / schneide den steiß auf / stelle das Messer in die lincke Hand zu der Gabel / mit einem Löffel thue das Eingefüllete heraus auf einen absonderlichen Teller / ist aber Beyfuß darein / so thue denselben mit der Gabel heraus und schneide

1. *Den Oberschnit am rechten schenkel /*
2. *Den Gegenschnitt daselbst /*
3. *und 4. Den Ober- und Contraschnitt am selben Flügel /*
5. *6. Den lincken Flügel /*
7. *8. Löse den lincken Schenkel mit einem Ober- und Gegenschnitt /*
9. *Das Ziehbeinlein /*
10. *11. 12. Schneid das Brustfleisch auff der rechten und lincken seite ab / mit einem Creutzschnitt / und stosse es mit dem Messer von den Hüpuff.*
13. *14. Hebe das rechte und lincke Achselbeinlein aus.*
15. *16. Spalte den steiß auff der rechten und lincken seite /*
17. *18. stoß die Rippen entzwey.*
19. *Zertheile den Rumpff in der Schüssel.*

Die Vorlegung.

1. *Die schenkel werden in der mitten zertheilet / damit die Keulen davon kommen / alsdann präsentiret man ein stück nach dem andern /*
2. *Die Spalt-schnitte vom steiß einer nach dem andern.*
3. *Die Flügel desgleichen / und etwas von der Brust /*
4. *Die Keulen desgleichen / zu der ersten die Achselbeinlein.*
5. *Zu der andern aber das Ziehbeinlein /*
6. *Das Brustfleisch betheilet etliche Teller.*
7. *Der Rumpff giebet zween Teller / darzu der Pfaffenschnitt kan geleget werden /*
8. *Vom gefülleten oder Beyfuß / wird zu jedwedern Teller etwas geleget.*

Die wilde Gans discrepiret nichts / ausser / daß man die schenkel beysammen lässet: und also präsentiret.

Darüber hinaus deuten alte Schriften darauf, daß die Kunst des Tranchierens für den Herrn genauso wichtig war wie Reiten und Fechten. Denn nicht umsonst fanden sich an den Fürstenhöfen sogar richtige Schulen, in denen der Meister Edelknaben unterrichtete.

Wenn wir uns weiter mit der Küche des Mittelalters befassen, so finden wir zu unserer Verwunderung nur wenige Rezepte für Suppen. Obwohl wir doch annehmen, daß gerade diese Speiseform einen nicht geringen Anteil haben müßte. Jedoch trügt uns diese Ansicht, denn der fehlende Löffel (!), die fehlenden tiefen Teller oder Schalen sind eine einfache Erklärung. Fehlende Löffel und Schalen – werden Sie fragen – ja, wann erst kamen die denn in den Tafelgebrauch? Die gibt's doch schon seit Urzeiten? – Ja und nein. Der Löffel und die Schale sind an sich so alt wie die Menschheit. Und schon in der Bronzezeit finden wir einfache Tonlöffel, die Römer benutzten sie – aber im Mittelalter? Im Mittelalter finden wir sie eigentlich nur als liturgisches Gerät, und erst Mitte des 17. Jahrhunderts zeichnet sich die heutige Löffelform ab und kommt als Tafelgerät in Gebrauch. Das erklärt also, daß die Suppenrezepte erst viel später entstanden sind. Die wenigen Suppengerichte des Mittelalters wurden wie die Saucen mit Brot aufgetunkt.

Wenn nun fast nur mit den Händen gegessen wurde – eine Tischsitte, die viele Zeitgenossen heute wieder besonders lieben –, wie wurden dann die Gerichte aufgetragen und angerichtet? Fleisch und Geflügel wurden – abgesehen von den vielen Formen des Spießbratens – stets als Ragout verkocht oder als Pastete angerichtet. In großen Schüsseln serviert wurden sie reihum gereicht, und jeder Tafelgast fischte sich mit den Händen einen handlichen Brocken heraus, den er auf seinem Fladen ablegte. Gemüse wurde als Mus verkocht gereicht, woher es auch seinen Namen hat, und man konnte es mit den vorliegenden Brotfladen essen.

Wenn wir nun annehmen, daß die Küche des Mittelalters wegen dieser barbarisch anmutenden Tischsitten ebenso einfach gewesen ist, so irren wir, denn die Vielfalt ist geradezu so, daß sie unserer heutigen Küche zur Ehre gereichen würde. Und vieles von dem, was unsere Urahnen täglich wie selbstverständlich aßen, müssen wir heute erst wiederentdecken.

Und nun möchte ich Sie, liebe Leserin, lieber Leser, einladen zu einer kulinarischen Reise in die Vergangenheit. Zu einer Reise, die Ihrer Küchenzukunft viele neue Ideen bringen wird, wie ich hoffe.

Also waschen wir uns die Hände, lassen wir uns ein rupfernes Linnen von einer Frawe oder Magde umbinden und nehmen wir »guet siz an tafel«, dem Motto folgend: »las guet unnd vil essen vorlegen unnd is.«

von suben guet

Suppengerichte

Unsere gute, alte Suppe suchen wir in den Kochbüchern des Mittelalters wie gesagt fast vergeblich, obwohl wir zuerst doch annehmen, daß diese Speiseform einen breiten Raum einnehmen müßte. Vergegenwärtigen wir uns jedoch wieder die Möglichkeiten, die das damalige Tafelgeschirr geboten hat, so kommen wir von allein darauf, daß die Suppe etwas Besonderes war. Und sie wurde dann auch, als Höhepunkt des Menüs, am Schluß gereicht, denn sie sollte die Verdauung anregen, und wir finden eine Reihe von Rezepten, die auch heute noch als sehr wirkungsvolle Abführmittel gelten dürften. Ich habe das bei der Entdeckungsreise durch die Küche des Mittelalters mehr als einmal am eigenen Leib erlebt.

Die Suppe, die erst nach dem Einzug des Löffels, im späten 16. Jahrhundert, ihren Weg in die Speisefolge fand und die in späteren Jahren zum bäuerlichen Hauptgericht avancierte, wurde im Mittelalter als dicker Brei zum Tunken und Mit-den-Händen-Essen oder als dünnflüssige Brühe zum Tunken und Trinken gereicht. Dabei teilten sich meist zwei Personen eine Schüssel, genauso wie sie sich den Trinkbecher teilten. Und dabei war es der Brauch, daß man Ehe- und Liebespaare zusammentat. Auch heute lassen wir Männer uns noch allerlei Leckereien ins »Maul stopfen«. Seinerzeit jedoch war es umgekehrt. Die Herren der Schöpfung hatten ihrer Liebsten »das Maul zu stopfen«. Mit allerlei köstlichen Leckereien, wie sie nun beschrieben werden.

Blick in die Küche des späten Mittelalters

Wirt am Schanktisch
in einer mittelalterlichen Kneipe.
Miniatur aus dem Hausbuch der Cerruti,
14. Jh.

Hecht von den Flus in suben
Würzige Flußhecht-Suppe
für 4 – 6 Personen

800 g Hecht
1 l Wasser
1 Zwiebel
2 Lorbeerblätter
1 Bund Suppengrün
Salz, Pfefferkörner
2 – 3 EL Butter
2 EL Mehl
¼ l herber Weißwein
Sahne, 1 Eigelb
Petersilie

Den Fisch ausnehmen und grob zerteilen. Die Fischreste (Gräten, Kopf, Flossen etc.) in dem Wasser mit Zwiebelringen, den Lorbeerblättern, dem Suppengrün, Salz und Pfeffer ca. 30 Min. kochen und danach durch ein feines Sieb seihen.

Aus Butter und Mehl eine helle Mehlschwitze machen und den Fischsud auffüllen. 10 Min. ziehen lassen. Das Fischfleisch zugeben und den Weißwein unterziehen. Nach 5 Min. mit Sahne und Ei legieren. Beim Servieren mit feingehackter Petersilie überstreuen.

Ain ram-suben
Kräftige Rahmsuppe
mit süßem Einschlag

½ l Vollmilch
¼ l süße Sahne
4 Eidotter
2 Brötchen/Semmel
75 g Schmalz
Zimt, Anis
3 EL Zucker

Milch und Sahne vermischen und aufkochen. Die verquirlten Eidotter unterziehen und bei milder Hitze ca. 5 Min. bei öfterem Umrühren ziehen lassen.

Inzwischen die gewürftelten Brötchen im Schmalz goldgelb rösten und in die Suppe geben.

Mit Zimt, einer guten Prise Anis, Zucker nach Geschmack überstreuen und servieren.

Kernlasuben
Sagosuppe
für unseren heutigen
Geschmack wiedererstanden

1 l Fleischbrühe
50 g Sago
1 EL Petersilie
Salz, Pfeffer

Sago in der heißen Fleischbrühe ca. 15 Minuten aufquellen lassen und mit Petersilie und Gewürzen abschmecken.

Suben von swartze bonen
Schwarze Bohnensuppe
nach Art des Bruders Küchenmeister vom Kloster Tegernsee

65 g durchw. Speck
1 Zwiebel
300 g rote Bohnen (Dose)
⅛ l Rotwein (nicht zu trocken)
½ l Wasser
8 EL Sahne
Salz, Pfeffer

Den durchwachsenen Speck würfeln und in einem Topf gut auslassen, die feingehackte Zwiebel zugeben und goldgelb dünsten. Bohnen dazugeben und ca. 10 Min. schmoren.

Alles durch ein großes Sieb passieren und mit Wasser und Rotwein kurz erhitzen. Bei milder Hitze die Sahne unterziehen, mit Salz und Peffer abschmecken und servieren.

Ramsuben mit Kernla
Rahmsuppe mit Sago
wie Philippine Welser sie liebte und lobte

1 l Vollmilch
¼ l Sahne
50 g Sago
1 – 2 geh. EL Zucker
Zimt
1 EL Butter
2 Eier

Milch und Sahne vermischen, mit dem Sago unter Umrühren aufkochen. Zucker und Zimt zugeben und mit der Butter nochmals ca. 5 Min. ziehen lassen. Die Eier unterziehen und servieren.

Nach Geschmack noch Zukker und Zimt zugeben.

Fleysch
in wirtzkreyter gesoten
Eine kräftige Fleischbrühe mit Kräutern
daran labte sich Erzherzog Ferdinand, der Gatte der Philippine Welser

500 g Rindfleisch (Brust oder Bein)
1 ½ l Wasser
4 EL Kräuter (Löwenzahn, Brennnessel, Kerbel, Sauerampfer)
Salz

Fleisch in das kalte Wasser geben und aufkochen. Ca. 1 Std. ziehen lassen bei milder Hitze. Die Kräuter zugeben und nochmals ca. ½ Std. ziehen lassen. Salzen und servieren, nachdem das Fleisch kleingeschnitten ist.

Rindfleysch
mit kreyter gesoten
Rindfleischsuppe mit Kräutern

500 g Rindfleisch (Brust oder Bein)
1 Porreestange
1 Möhre
¼ Sellerieknolle
1½ l Wasser
Salz
50 g Butter
1 Thymianzweig
(oder entsprechend getrockneter)
1 Petersilienwurzel
Oregano
50 g Flädlein-Nudeln

Fleisch mit der Porreestange, der Möhre und dem Sellerie in das kalte Wasser geben und ca. 1 ½ Std. kochen lassen. Salzen, nach einer Stunde die Butter und die feingewiegten Kräuter zugeben. Ca. ¼ Std. vor Ende der Garzeit die Flädlein zugeben.

Grawe suben
mit Hennerfleysch
Huhn in grauer Suppe

1 Suppenhuhn (ca. 1 kg)
2 l Wasser
1 Petersilienwurzel
Estragon
Salz, Pfeffer, Thymian
100 g Graupen

Das ausgenommene Suppenhuhn in kaltes Wasser geben und kochen. Nach einer Stunde das Herz, den aufgeschnittenen Magen, Hals und Petersilienwurzel sowie Kräuter und Gewürze zugeben.

Nach weiteren 45 Min. die Leber zugeben. Nach ca. 15 Min. wird die Brühe durch ein grobes Sieb getrieben, die Graupen zugegeben, das Huhn zerkleinert und alles zusammen nochmals 15 Min. bei milder Hitze gekocht.

Suben von Lombardey
Lombardische Suppe
nach einem Rezept des Bartolomeo Scappi, Leibkoch von Papst Pius V.

500 g Möhren
50 g Butter
½ l Wasser
1 Thymianzweig oder entsprechend getrocknetes Gewürz
Salz
50 g geriebener Emmentaler
Pfeffer
1 Nelke
Zimt, Safran
½ l weißer Traubensaft
3 – 4 Eier

Feingeschnittene Möhren in Butter andünsten. Wasser angießen und gar kochen. Dabei Thymian zugeben. Salzen.

Wenn die Möhren gar sind, Käse, Gewürze und Traubensaft sowie Eier unterziehen. Nochmals kurz aufquellen lassen (nicht mehr kochen) und servieren.

Schloßküche mit Koch, Hausfrau und Küchenhilfen aus einem Platina-Druck (1517)

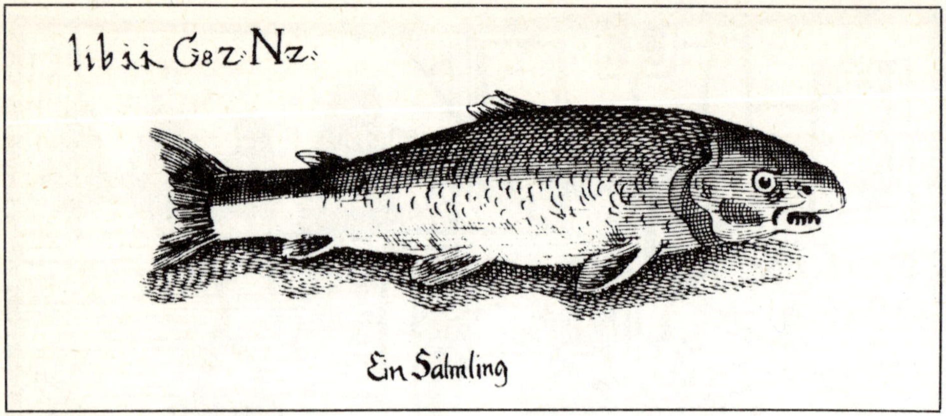

Ein Salm aus dem »Adelichen Land- und Feld-Leben« des Wolff Helmhard von Hohberg

von fisch und Fastenspis

Fischgerichte

Es wäre nicht verfehlt, den Fischrezepten des Mittelalters ein Loblied zu singen, ist es doch nicht zuletzt der großen Frömmigkeit der Menschen jener Tage zuzuschreiben, daß uns eine Reihe großartiger Zubereitungen von Fischen überliefert sind, die wir heute als lukullische Schlemmereien wiederentdecken dürfen.

Die interessantesten Einblicke in die Fischküche jener Zeit geben uns zwei Bücher: das »tegernseer Koch- und Angelbüchlein« aus der Hand eines anonymen Bruder Küchenmeisters des Klosters zu Tegernsee aus dem 14. Jahrhundert und das berühmte »Fischbuch« des Schweizers Conrad Gesner aus dem Jahr 1670.

Das »tegernseer Koch- und Angelbüchlein« insbesondere zeigt uns das Gewicht, welches Fischgerichten in jenen Tagen beigemessen wurde, gab es doch neben den 52 Freitagen noch eine Reihe von vorösterlichen, adventlichen und Jahresend-Fastzeiten, die Abstinenz vom Fleisch verlangten. Trotz aller Einfachheit und Ursprünglichkeit ist die Phantasie der Köche zu bewundern, die trotz ihrer sehr begrenzten Möglichkeiten oft geradezu Unmögliches möglich machten. So finden wir im Tegernseer Kochbuch 27 Fischarten in vielfacher Zubereitung. Neben »hechtenvisch« stoßen wir auf »vorhen« (Forellen), »präxen« (Brachsen), »Koppen« (Kaulbarsch) und viele andere. Und die Rezepte kommen uns oft so gegenwärtig vor, daß wir kaum glauben können, daß sie schon über 500 Jahre alt sind.

Ich möchte mich an dieser Stelle den berühmten Gastrosophen anschließen, die der Meinung waren, daß sich nur eine Speise etwas auf ihre Berühmtheit einbilden darf: der Fisch. Und dabei insbesondere die Gattungen der Plattfische. Die Familie der Butte, Schollen und Zungen wird schon im Mittelalter gerühmt. So schreibt Gesner in seinem Buch über den Dornbutt, wir nennen ihn heute Steinbutt:

Das Fleisch dieser Fische wird von allen naturkündigern höchlich gepriesen
als daß es so gar gesund und nützlich sey
auch lieblich zu essen
ingleichen eines angenehmen geschmacks
sey leichthin zu verdauen
speiße und sättige wol

gebe auch eynem Kranken gute Krafft
habe keinen bösen Saft. In Summa er wird verglichen einem edlen Phasanen. Doch sol der Glatbutt noch besser seyn als der Dornbutt. Er kan auff alle weiß zubereitet werden. Er behält seyn Lob und preiß
er sey gesotten, gebraten oder gebacken
wird als auß der Zahl der köstlichsten fischen
Fürsten und Herrn dargestellt.

Sie sehen, über guten Geschmack ließ sich schon vor Jahrhunderten nicht streiten. Die große Rolle, die der Steinbutt in jener Zeit schon auf den Speisezetteln spielte, zeigt auch ein Bericht über das Festmahl, das Kardinal Lorenzo dem höchstchristlichen Kaiser Karl V. im April 1536 in Rom gab. Dabei spielten delikate venezianische Steinbutte eine besondere Rolle. Und Kaiser Karl lobte zungenschnalzend seine scneeige Weiße.

Leider ist in folgenden Jahrhunderten viel von dem verlorengegangen, was wir heute aber glücklicherweise wiederentdecken können – mit den nun folgenden Rezepten.

dornbutt in kreyter gebachen
Steinbutt im Kräuterbett
Ein Gericht, das den Feinschmeckern schon vor 500 Jahren das Wasser im Mund zusammenlaufen ließ.

1 Steinbutt (für 2 Personen)
1 Eichenbrett (allseitig 5 cm größer als der Fisch, ca. 3 cm dick) am besten ein ungeleimtes Backbrett
Frische Kräuter:
Petersilie, Estragon, Thymian
Fenchelzweige
Salz
Öl
50 g Butter
Zitronensaft

Der Steinbutt wird unter fließendem Wasser gewaschen und gut abgetupft. Dann wird er längs gespalten und die dunkle Haut der Rückseite abgezogen. Dazu schneiden Sie den Fisch mit einem scharfen Messer am Schwanz ein, pakken mit der einen Hand die Haut, mit der anderen den Fisch und ziehen die Haut vorsichtig, aber mit energischem Ruck ab (siehe »Fische vorbereiten« Seite 20). Die helle Haut des Fisches schneiden Sie im Abstand von 1 cm bogenartig ein.

Auf das Eichenbrett (es kann auch ein anderes Hartholz z. B. Buche sein) legen Sie in der Größe des Fisches ein Kräuterbett. Der Steinbutt wird sanft gesalzen und mit der hautlosen Seite auf das Bett gelegt. Auf der Oberseite mit der eingeschnittenen Haut wird der Fisch nun mit Kräutern belegt, die Sie vorher kurz durch das Öl ziehen.

Im vorgeheizten Backofen (E: 180°, G: 2 – 2 ½) je nach Größe des Steinbutts 40 – 60 Min. backen lassen.

Die Butter erwärmen und schaumig schlagen, mit einigen Tropfen Zitronensaft abschmecken und dazu reichen.

Ein wahrhaft königlicher Genuß. Da lohnt sich die kleine Mühe mit dem Backbrett, das nach öfterem Gebrauch immer mehr das Fumet des Steinbutts annimmt.

Visch bastetten mit wirtzkreyter
Fischpastete mit Würzkräuterfüllung

Teig:
500 g Mehl
2 – 3 Eier
50 g Schmalz
2 EL Wasser
75 g Speck in Scheiben

Füllung:
1 kg Forellen
1 Bund Petersilie
Majoran, Kerbel, Knoblauch, Salz, Pfeffer
2 Zwiebeln
2 weitere Eier
1/8 l Weißwein
1/8 l Brühe
2 EL Butter
50 g Speckscheiben

Aus dem Mehl, 2 Eiern, dem erwärmten Schmalz und dem Wasser einen trockenen Teig bereiten. Ist er zu bröselig, wird das weitere Ei zugegeben. Den Teig nun einige Stunden ruhen lassen.

Inzwischen werden die Forellen enthäutet und entgrätet. Das Fleisch feinwiegen bis auf zwei Filets. Zum Fischfleisch die Gewürze und die sehr fein gehackten Zwiebeln geben und durchmischen. Dann die Eier, Butter, Wein und Brühe unterziehen.

Den Teig ausrollen und die gefettete Pastetenform (Kastenform) auslegen. Einen Teil für den Deckel zurückhalten. Die Form nun mit den Speckscheiben auslegen und die Hälfte der Füllung daraufgeben. Die mit Speckscheiben umwickelten beiden Filets auflegen und mit der restlichen Füllung bedecken. Den Teigrand anfeuchten und den Deckel auflegen und andrücken. Mit einer Gabel mehrmals einstechen. Im vorgeheizten Backofen (E: 200°, G: 3) ca. 1 Std. backen.

Hechtkrepfla in gelber salse
Hechtklößchen in gelber Würzsoße
Eine Vorspeise für 4 Personen.

250 g Hecht
250 g Butter
4 Eigelb
125 g Mehl
1/4 l Milch
Salz, Pfeffer
1 Prise Muskat
1 Kräuterbündel (Thymian, Oregano, Estragon)
4 Eiweiß
2 Eier
1/8 l saure Sahne

Hechtfleisch ohne Haut und Gräten mit der Butter zusammen durch einen Fleischwolf drehen. Aus Eigelb, Milch, Mehl und den Gewürzen eine dickflüssige Creme kochen und abkühlen lassen. Das Hechtfleisch und die Creme miteinander gut vermischen. Eiweiß steif schlagen und unter die Masse ziehen. Die Masse durch ein grobes Sieb passieren und auf einer Platte ca. 2 cm dick ausstreichen und 12 – 24 Std. in den Kühlschrank stellen.

Aus den Hechtabfällen, dem Kräuterbündel und Wasser eine kräftige Brühe kochen, durch ein Sieb passieren und ebenfalls abkühlen lassen.

Kurz vor dem Servieren die Brühe erwärmen, Eier und Sahne unterziehen (nicht kochen lassen.) Aus der Hechtfleischmasse längliche Klößchen mit einem Eßlöffel formen und 8 – 10 Min. in der Würzsoße garen.

Saibling von maistrekeu
Feiner Saibling
nach Art des Meisterkochs

2 Saiblinge (Salm) oder 4 Forellen
350 g Champignons oder
Steinpilze je nach Saison
¼ l herber Weißwein
Salz, Pfeffer
50 g Butter
Zitrone

Den ausgenommenen und abgeschuppten Fisch innen und außen mit wenig Salz und reichlich Pfeffer gut würzen. In eine ausgefettete feuerfeste Form geben. Um den Fisch werden nun in Scheiben geschnittene Champignons oder frische Steinpilze gefüllt, mit dem Weißwein übergossen und Butterflocken versehen. Den Saft der Zitrone darübergeben und im vorgeheizten Ofen 15 – 20 Min. garen. (E: 200°, G: 3).

Krebeze
Hummer
nach einem alten bretonischen Fischerrezept, durch klösterliche Aufzeichnungen überliefert; wahrscheinlich das Urrezept, welches auch in der römischen Küche schon ähnlich zubereitet wurde

2 Hummer (je Person ½ Hummer)
4 EL Öl
Salz, Pfefferkörner, Aniskörner
Piment
Thymian, Lorbeerblätter,
Estragon
2 – 3 Zwiebeln
2 Knoblauchzehen
¼ l Weißwein
1 Gläschen Armagnac
¼ l dunkle Sauce (Espagnole)
evtl. einige Trüffel

Die großen Scheren vom Hummer trennen, den Körper und den Schwanz in vier Teile schneiden und die Weichteile entfernen.

In einer Kasserolle das Öl mit den Kräutern, den zerdrückten Knoblauchzehen, zerschnittenen Zwiebeln, Salz und Pfeffer warm werden lassen. Die Hummerteile dazugeben und schwenken, bis die Rückenschilder schön rot gefärbt sind. Nun werden die Hummerteile herausgenommen, von Gewürzteilchen befreit und warm gestellt.

Zum Bratenfond wird der Weißwein, die dunkle Sauce (siehe Seite 50) und das Glas Armagnac gegeben. Unter Rühren läßt man die Sauce zwei- bis dreimal aufwallen, streicht sie durch ein Sieb und gibt sie über die Hummerteile.

Zur Verfeinerung können Sie der Sauce vor dem Aufwallen noch einige Trüffel zugeben.

vorhen daz zu esen gibt in das refectori ze Tegernsee
Forellen nach einem Klosterrezept aus dem 14. Jahrhundert

4 Forellen
Wasser
8 Flußkrebse (auf Wunsch)
1 Zwiebel
½ l Weißwein
3 Möhren
1 Lorbeerblatt
Thymian, Petersilie
Salz, Pfeffer

Die Forellen werden ausgenommen und rund dressiert.

Das Wasser mit den Innereien (ohne Galle) aufkochen und 10 Min. sieden lassen, durchseihen und die Fischreste entfernen. In diesem Sud, zu dem man nun den Wein, die feingehackten Gemüse (Zwiebel, Möhren), die Kräuter und Gewürze gibt, läßt man die Krebse zugedeckt ca. 15 Minuten kochen, nimmt sie heraus und stellt sie sehr warm. Möglichst in einem Topf mit Sud bedeckt.

Nun legen Sie die Forellen in den restlichen Sud und lassen sie kochen. Nach ca. 12 – 15 Min. herausnehmen und je 2 Krebse in den Ring der Forelle legen. Dazu servieren Sie »salze von kren mit ram« (Seite 53) und zerlassene Butter.

Dorttem von Krebezen
Krebstorte aus dem Ofen

Teig:
250 g Mehl
2 Eier
25 g Schmalz
2 – 3 l Wasser

Füllung:
3 Eier
50 g geriebener Käse (Parmesan oder Emmentaler)
125 g geriebener Lebkuchen
⅛ l Milch nach Bedarf
Salz, Safran, Salbei
Petersilie
10 – 12 Krebsschwänze
1 Apfel
3 getrocknete Feigen
etwas Schmalz zum Bestreichen

Aus Mehl, Eiern und dem erwärmten Schmalz und Wasser einen trockenen Teig bereiten und einige Stunden ziehen lassen.

Aus den Eiern, dem Käse und Lebkuchen und nach Bedarf etwas Milch eine nicht zu dünne Füllmasse bereiten und mit den Gewürzen kräftig abschmecken.

Den Teig in eine feuerfeste Auflaufform geben und diese damit auskleiden. Die Fülle gleichmäßig auftragen, die Krebsschwänze sternförmig eindrücken und die in längliche Scheiben geschnittenen Äpfel und Feigen abwechselnd dazwischen geben. Obenauf den Rest des Teiges geben und verschließen. Mit Schmalz einstreichen und in den vorgeheizten Backofen (E: 200°, G: 3) schieben. Ca. 1 Std. abbacken, bis die Kruste goldbraun ist.

brey von visch

Fischbrei

Eine Küchenspezialität der Tegernseer Mönche.

1 kg Fisch (Forelle, Schleie, Hecht, Zander)
Wasser
Salz, Kräutersträußchen
½ l Milch
50 g Mandeln
8 Scheiben Weißbrot
50 g Reis

Fisch enthäuten, entgräten und das Fleisch fein wiegen. Die Fischabfälle (ohne Kopf und Galle) in Wasser mit dem Kräutersträußchen aufkochen und noch ca. 15 Min. ziehen lassen. Salzen.

Mandelmilch aus Milch und gehackten Mandeln bereiten. Die Weißbrotscheiben in der Mandelmilch weichen. Die Fischbrühe durch ein feines Sieb passieren. Reis kochen. Fischfleisch, Weißbrot und den Reis durch ein grobes Sieb in den Fischsud treiben.

Nun unter ständigem Rühren nochmals aufkochen und mit Mandelmilch zu einem Brei anmachen.

schniden von trueschen

Fischschnitten in Kräutersoße

Im Originalrezept wurde dieses Gericht mit einem Flußaal hergestellt

4 Fischfilets (Kabeljau, Goldbarsch etc.)
Salz, Zitrone, 4 Speckscheiben
Pfeffer,
frische Kräuter:
Thymian, Oregano, Majoran, Dill, Basilikum, Kerbel
⅛ l Sahne, Butter
1 Eigelb

Den gesalzenen und mit Zitronensaft abgeriebenen und mit Speckstreifen belegten Fisch auf eine gefettete Alufolie legen und verschließen. Auf dem Backblech in den vorgeheizten Ofen (E: 200°, G: 3 bis 3½) schieben. Ca. 30 – 40 Min. garen. Pfeffern.

Die Kräuter inzwischen 10 Min. mit der Sahne bei milder Hitze anwärmen. Den fertigen Fisch aus dem Ofen nehmen und auf einer Porzellanschale warm halten. Den Fond unter die Kräutersoße ziehen, mit der Butter und einem Eigelb abrunden.

Salm mit wirtzkreyter salse

Salm in Kräutersauce

Aus dem Kochbuch der schönen Philippine Welser

1 kg Salm oder Huchen
1 l herber Weißwein
4 Zwiebeln
2 Möhren
Thymian, Petersilie, Kerbel, Dill
Pfefferkörner, Salz, Zitrone
2 Eigelb

Fischsud bereiten aus dem Wein, den Kräutern, den in Ringe geschnittenen Zwiebeln, 1 Eßlöffel Salz und den Pfefferkörnern und kurz aufkochen lassen. Den ausgenommenen Salm mit Zitrone abreiben und in den Sud geben. 5 – 8 Min. brodelnd kochen lassen. Den Fisch herausnehmen. Den Sud mit 2 Eigelb legieren, und über den angerichteten Fisch geben.

Fürstliches Bankett aus dem Bankettbuch von Messisbugo (1549)

von wildpret

Wildgerichte

Wildbret gehört zu den ältesten Nahrungsmitteln der Menschheit. Denn schon die Menschen der Steinzeit lebten als Jäger von dem Fleisch der Wildtiere. Im Mittelalter erreichte die Jagd eine Blütezeit und mit ihr auch die Zubereitung von Wild. Die Vielfalt der Rezepte, die phantasievolle Kunstfertigkeit der Küchenmeister, erstaunt uns heute ebenso wie die Vielzahl der Tiere, die auf die Tafel kamen und deren immense Menge.

Wir stoßen neben den auch heute noch bekannten und bei Feinschmeckern so beliebten Haarwildarten wie Elch-, Rot-, Dam- und Rehwild, Gemsen, Schwarzwild und Hasen auf Wildarten, die wir heute sorgsam hegen wie Stein- und Muffelwild, Bären, Dachse und Ottern und selbst Biber, deren Schwänze als besondere Delikatesse galten. Beim Federwild finden wir eigentlich alles wieder, was auch heute noch fleucht. So standen auf den Speisezetteln neben Wildhühnern (wie Rebhühner, Wachteln, Birk- und Auerhahn, Schneehuhn) auch der mit den Kreuzzügen erst nach Europa eingeführte Fasan. Tauben, Enten, Gänse, Schnepfen, Bleßhühner, Kraniche, wurden genauso verzehrt wie Möwen, Störche, Reiher, Trappen und selbst Drosseln, die allerdings auch heute in Frankreich noch als gesuchte Schlemmerei gelten.

Ein Beispiel davon, welche Mengen Wild verzehrt wurden, zeigt der Jagdbericht über zwei Hirschjagden, die in dem Jahre 1568 anläßlich der Münchner Fürstenhochzeit zwischen Herzog Wilhelm V. von Bayern und Renata von Lothringen stattfanden. Diese als großartigstes und prächtigstes Fest des Jahrhunderts beschriebene Hochzeit brachte für die Gäste am 3. März 80 Hirsche und am 4. März sogar 120 Hirsche für die Festmähler zur Strecke.

Und ein Bericht über das Krönungsmahl mag uns zeigen, welcher Prunk herrschte und was für Künstler die Köche waren.

Man speist im großen Saal der Neuen Veste. Auf der Tafel liegen 40 Gedecke mit goldbestickten Servietten, 20 silberne und vier goldene Salzgefäße und allerhand herrliches Tafelgerät. Sechs mannshohe Löwen als Kerzenhalter und viele silberne Leuchter umstehen die Tafel, zu deren Häupten das Brautpaar unter einem goldbestickten Thronhimmel mit dem bayrischen und lothringischen Wappen sitzt, ihnen zur Seite die erlauchten Fürsten mit ihren hochgeborenen Damen und die vornehmsten Gesandten, insgesamt 20 Personen. Im großen Rundsaal ist die Fürstentafel für die Geschwister des Brautpaares, die übrigen Verwandten und die erlauchten Gäste hergerichtet. Die Tafel wird bedient von den vier Marschällen, 30 Grafen, 40 Baronen und zahlreichen Edelleuten. Das erste Gericht wird von den 4 Marschällen, begleitet von 6 Edelknaben mit brennenden Wachslichtern, aufgetragen und vom Schall von Pauken und Trompeten begleitet. Ihm werden drei kunstvoll verfertigte Wachsschiffe mit farbig bemalten Wachsgebilden an den Masten vorangetragen, darstellend die zehn Lebensalter des Menschen . . . Die sechste Tracht (Gang) besteht aus drei Labyrinthen von Backwerk in deren Mitte Damen und Ritter beim Gastmahl sitzen, ferner aus drei brennenden Öfen und drei vierspännigen ungarischen Kutschen mit sich bewegenden Pferden. Backwerk ziert auch das siebente Gericht: drei mit Muskatwein beladene sechsspännige Wagen deutscher Art, dazu drei Kastelle mit den Wappen von Österreich, Bayern und Lothringen, jedes drei Spannen hoch (ca. 75 cm) . . . Hierauf werden Früchte aufgetragen und mit ihnen Darstellungen von drei Gärten, im ersten die Göttin Pomona, im zweiten Ceres und im dritten Diana, die mit drei Nymphen badet. Während unter der Leitung von Orlando di Lasso Quartette vorgetragen werden, wird der Nachtisch gereicht, nämlich Pfauen, Fasanen, Rebhühner und Haselhühner, Kapaunen, Pasteten, Sulzen und Lammbraten, Ferkel, Wildschweinköpfe, Hirsche, Kaninchen und Enten nebst vielen Arten von Fischen. Diesen »Nachtisch« ziert Zukkerwerk (!) mit Darstellungen aus dem Alten und Neuen Testament. Zu allen Speisen werden erlesene Weine serviert. Wie zu Beginn des Mahls wird nun den Gästen wieder wohlriechendes Wasser zum Händewaschen gereicht.

Die folgenden Rezepte zeigen, wie das Wild zubereitet wurde.

Ein gut geriht von Haßen
Hasentopf
nach einem Rezept von Frantz de Rontzier aus dem Jahr 1598. Erschienen in einem der ersten Kochbücher deutscher Sprache, dem »Kunstbuch von mancherley Essen«
Für 6 Personen

1 Hase ca. 2,5 kg
2 Tassen Essig
3 – 4 Zwiebeln
4 Knoblauchzehen
4 Nelken
Pfeffer
1 Bund Thymian, Majoran, Estragon
1 Flasche Rotwein (mittel)
800 g Schweinebauch
100 g Schweineschmalz
150 g Mehl
500 g Pumpernickel
Salz
250 g Brotteig evtl. vom Bäcker

Den Hasen ausnehmen, waschen und trocknen. Das Blut auffangen und mit dem Essig vermischen. Den Hasen in kleine Stücke tranchieren und in einen Steinguttopf füllen. Die gehackten Zwiebeln, den zerdrückten Knoblauch und die Gewürze dazugeben, mit dem Blutessiggemisch und dem Wein übergießen. 4 – 6 Stunden beizen lassen. Den Schweinebauch in Würfel schneiden und in der Kasserolle anbräunen. Nun die gut abgetropften Hasenstücke in Mehl wenden und in einer Pfanne anbraten. Die Hasenstücke auf den angebräunten Schweinebauch legen, den geriebenen Pumpernickel, den Mehlrest und die Marinade zugeben, salzen und alles zusammen kurz aufkochen.

Jetzt die ganze Mischung in eine Steingutkasserolle oder Auflaufform geben und mit dem Brotteig fest verschließen. Im vorgeheizten Ofen (E: 180°, G: 2 – 2½) ca. 1½ Std. backen. Dazu reichen Sie »steynbrodtfladen« (s. Seite 69) und salse von kronsber (s. Seite 53).

Schlegl von Reh
Würzig marinierte Rehkeule

1 Rehkeule, gut 1,5 kg
Marinade:
½ l Weißwein
1 EL Thymian
1 TL Majoran
4 Lorbeerblätter
10 Pfefferkörner
2 Zwiebeln
4 Knoblauchzehen
Salz
zum Braten:
Pfeffer, Salz
100 g Speckscheiben
50 g Butter oder Schmalz
1 Bund Suppengrün
2 Zwiebeln
⅛ l Sahne
Rotwein

Marinade bereiten und die Rehkeule 12 – 24 Std. einlegen, herausnehmen und trocknen. Salzen, pfeffern, mit den Speckscheiben bardieren und im Bräter in den vorgeheizten Ofen (E: 225°, G: 4) schieben oder auf den vorgeheizten Grill geben.

Während der Schmor- oder Grillzeit immer wieder mit der Marinade und dem Bratensaft übergießen. Nach ca. 20 Min. das geputzte Grün und die geviertelten Zwiebeln zugeben.

Nach ca. 40 Min. den Speck abnehmen. Nach einer Stunde die Keule aus dem Ofen bzw. vom Grill nehmen und warm stellen.

Den Bratenfond durch ein Sieb geben, mit Sahne binden und mit Rotwein, Pfeffer und evtl. etwas Salz abschmecken. Dazu reichen Sie stilgerecht »rosenkrautz kepfla« (von Seite 64).

hasenbastettem
Hasenpastete
Ein etwas kompliziertes Rezept für 6 Personen, dessen Mühen sich aber lohnen

1 junger Hase von 5–6 Pfund
250 g Speckscheiben

Füllung:
Innereien vom Hasen
400 g Wildleber
150 g Semmelbrösel
1/16 l saure Sahne
1/16 l Rotwein
10 Knoblauchzehen
1 TL Thymian
Salz, Pfeffer

Beize:
Pfeffer, Salz
1/2 l Rotwein
3 Zwiebeln
5 Knoblauchzehen
50 g Schmalz

Pastete:
Fett für die Auflaufform
1/8 l Sahne
1/4 l Rotwein

Der Hase wird ausgenommen, gewaschen und getrocknet. Hasenleber, -lunge, Herz und Wildleber werden in feine Würfel gehackt und mit den Semmelbröseln in eine Schüssel gegeben. Sahne und Rotwein angießen. Die Knoblauchzehen zerdrücken und mit dem zerriebenen Thymian zur Fülle geben. Mit Salz und Pfeffer abschmecken. Gut durcharbeiten und den Hasen mit der Masse füllen. Der Hase wird nun verschlossen und mit den Speckscheiben umwickelt.

Beize aus Rotwein, in Scheiben geschnittenen Zwiebeln und halbierten Knoblauchzehen bereiten. Den Hasen 24 Std. darin beizen.
Schmalz in einen Bräter geben, den Hasen darauflegen und in den vorgeheizten Ofen (E: 225°, G: 3½) schieben. Unter ständigem Übergießen mit der Beize 4 Stunden braten. Nach 2 Std. die Zwiebeln und den Knoblauch aus der Beize zugeben.

Der fertige Hase wird aus dem Ofen genommen, zerlegt und entbeint. In die ausgefettete Auflaufform nun schichtweise Fleisch und Fülle geben. Bratenfond mit Sahne und Rotwein binden und über die Pastete geben.

Die Form in den vorgeheizten Ofen (E: 250°, G: 4) schieben und ca. 20 – 25 Min. überbacken.

Dazu gibt's Semmeltorte (Seite 71) und Preiselbeeren.

bastettem von wildbredt mit weikselenmuos

Wildpastete mit Weichselkirschmus

Für 4 – 6 Personen. Als Vorspeise auch für ca. 10 Personen.

Teig:
500 g Mehl
2 – 3 Eier
50 g Schmalz
2 EL Wasser
75 g Speckscheiben

Füllung:
500 g Wildfleisch
250 g Kalbfleisch
250 g frischer Speck
125 g Kalbsleber
20 g Butter
3 – 4 EL Armagnac (Cognac)
Schmalz zum Anbraten
4 – 5 EL Rotwein
2 Zwiebeln
Salz, Pfeffer, Majoran
50 g Pistazien
Fett für die Form
1 Ei

Aus den Zutaten für den Teig wird ein trockener Teig unter der Zugabe des erwärmten Schmalzes hergestellt. Den Teig nun 1 Std. im Kühlschrank zugedeckt ruhen lassen.

Inzwischen die Hälfte des Wildfleisches, das Kalbfleisch und den Speck durch einen mittelfeinen Fleischwolf drehen. Die Leber mit der Butter leicht abbräunen, mit Armagnac löschen und herausnehmen. Das restliche Wild in feine Streifen schneiden und in der Pfanne anbraten, mit dem Rotwein ablöschen und herausnehmen. In Sud die gewürfelten Zwiebeln dünsten. Pistazien grob hacken. Leber und Wild fein würfeln und kräftig würzen.

Die durchgedrehte Fleischmasse, Zwiebeln, Pistazien und den Sud gut vermischen und kräftig abschmecken. Wild und Leber unterheben. Pastetenteig auf etwas Mehl ausrollen und die gefettete Form auslegen. Genügend Teig für den Deckel zurückhalten.

Fleischfüllung hineingeben, Teigränder anfeuchten und den Deckel auflegen und andrücken. Mit einer Nadel mehrmals in den Deckel stechen damit der Backdampf entweichen kann. Dann den Deckel mit dem verquirlten Eigelb bestreichen und in dem vorgeheizten Ofen (E: 200 – 225°, G: 3 – 3½) ca. 1½ Std. backen. Das Weichselkirschmus finden Sie auf Seite 54.

Schlegl von Gems

Gemskeule

Eine Spezialität aus der Schloßküche von Ambras, dem Schloß der Philippine Welser.

1 Gemskeule (gut 1 kg)

Beize:
2 Knoblauchzehen
1 Zwiebel
¼ l Rotwein

100 g Speckscheiben
1 EL Butter
1 Petersilienwurzel
1 Möhre
⅛ Sellerieknolle
3 Pfefferkörner
3 Wacholderbeeren
Salz, Pfeffer, evtl. noch
2 – 3 Knoblauchzehen
2 EL Preiselbeeren
falls möglich 1 kl. ungespritzter, frischer Tannenzweig

Beize aus Rotwein, der halben, in Ringe geschnittenen Zwiebel und einer zerdrückten Knoblauchzehe bereiten. Die Gemskeule mit der gestiftelten zweiten Knoblauchzehe spikken und 2 Tage in der Beize unter öfterem Wenden ziehen lassen.

Die Keule herausnehmen, trocknen und mit den Speckscheiben umwickeln. In einer

Kasserolle mit der Butter von allen Seiten anbraten oder auf einem Spieß in den Grill geben.

Beim Braten im Ofen geben Sie nach dem Anbraten den Rest der Zwiebel grobgeschnitten, das Gemüse feingeschnitten, die zerkleinerten Pfefferkörner und zerquetschten Wacholderbeeren mit etwas Marinade zu und lassen die Keule ca. 2 Std. zugedeckt schmoren (E: 200°, G: 3). Nach 2 Std. den Deckel abnehmen und noch eine weitere Stunde braten lassen. Evtl. noch etwas Beize zugeben. Und wer Knoblauch mag, läßt noch 2 halbierte Zehen mitschmoren.

Zum Schluß die Keule herausnehmen und den Fond salzen, mit Preiselbeeren und evtl. einem TL feingehackter Tannennadeln abschmecken.

Das Fleisch vom Knochen lösen, in dicke Scheiben schneiden und mit der Soße übergießen.

Rucken von rehwild an spis gepraten

Rehrücken vom Spieß
für 4 – 6 Personen.

1 Rehrücken ca. 2 kg ungespickt
100 g Butter
Majoran, Thymian,
Rosmarin, Salbei
1/8 l süße Sahne, 1/8 l saure Sahne
Beize:
1 l Buttermilch
(nur für Rehböcke)

Rehrücken von Ricken (Rehdamen) und Jungböcken nicht beizen. Nur die von älteren Böcken sollten 6 – 12 Std. in Buttermilch gebeizt und ab und zu gewendet werden.

Den Rehrücken auf den Spieß stecken. Die Butter mit den feingehackten, frischen Kräutern vermischen. (Nehmen Sie getrocknete Kräuter z. B. Herbes de Provence, so lassen Sie sie eine Viertelstunde in Wasser ziehen.) Den Rücken dick mit der Kräuterbutter bestreichen und unter den Grill hängen. Den Rücken nun immer wieder mit der Kräuterbutter bzw. dem Bratenfond bestreichen.

Nach ca. 45 Min. ist der Rükken gar. Er soll à point gebraten sein, sein Fleisch muß rosa schimmern. Ist das Fleisch noch nicht gar, so reagiert es wie Gummi, rosa Fleisch ist elastisch, zu sehr durchgebratenes fest. Können Sie die Garstufe nicht durch Drücken feststellen, so machen Sie mit einem scharfen Messer einen spitzen Einschnitt bis auf den Knochen und sehen nach, wie das Fleisch dort aussieht.

Das Fleisch vom Knochen lösen, in dicke Scheiben schneiden und auf den Knochen legen. Den Bratenfond mit der Sahne binden und darübergießen.

ruckn von wildschwyn in krusttem

Überkrusteter Wildschweinrücken mit Weinbeeren

Davon können 8 Personen oder 2 × 4 Personen satt werden

1 Frischlingsrücken ca. 3 kg
Thymian, Salbei, Pfeffer, Salz
½ l roter Traubensaft
2 Möhren
1 Zwiebel
¼ Sellerieknolle
100 g Butter
3 Eier
3 EL Semmelbrösel (Paniermehl)
1 EL Petersilie
1 TL Zucker
1 Msp. gemahlener Zimt
etwas Ingwer
150 g blaue Trauben
4 EL saure Sahne

Das Wildschweinfleisch mit den Kräutern, Pfeffer und Salz kräftig einreiben und in einen Bratentopf legen. Den Traubensaft dazugießen und die geschnittenen Möhren, Zwiebel und Sellerie beifügen. Ca. 1½ Std. unter häufigerem Begießen mit der Flüssigkeit schmoren.

Inzwischen aus der weichgemachten Butter, den Eiern, Semmelbröseln, Petersilie, Zucker, Zimt und Ingwer eine Paste anrühren. Das Fleisch aus dem Topf nehmen, abtropfen lassen und gut mit der Paste bestreichen. Im vorgeheizten Ofen (E: 200°, G: 3) nochmals ca. 10 Min. backen.

In die Bratensauce die entkernten Trauben geben, aufkochen und mit der Sahne binden.

Den Rücken nach Belieben in 2 Portionen teilen. Die Restportion einfrieren und spätestens nach 3 Wochen verbrauchen.

Herrschaftliche Tafel
im späten Mittelalter.
Feine Gerichte auf feinen Geschirren
serviert.

von wild unt zahm Vögel

Geflügelgerichte

Einer der Spitzenreiter der mittelalterlichen Küche war das liebe Federvieh. Haustiere wie Gans, Huhn und Ente oder Wildgeflügel von der Wildgans über Enten, Wachteln bis hin zu heute fremd anmutenden Tieren wie Schwan, Pfau und Star kamen auf die Tafel – vom Bratenspieß oder aus dem Backofen, als Braten oder als Pastete.

Und es waren phantasievolle, kulinarische Köstlichkeiten, von denen uns heute eigentlich nur noch die Martinsgans und die traditionsreiche, deutsche Weihnachtsgans erhalten sind.

Im folgenden Kapitel möchte ich Ihnen Rezepte vorführen, die das liebe Federvieh in bisher unbekannten Variationen zeigen. Den Kniffen, deren es teilweise dazu bedarf, habe ich im »Kleinen Küchenlexikon« im Anhang besondere Aufmerksamkeit geschenkt. Denn ich hoffe, daß auch Sie bald zur Gemeinde der begeisterten

Blick in eine mittelalterliche Fürstenküche (Bankettbuch des Messisbugo) (1549)

Geflügelfreunde zählen – zu Geflügelkennern, die mehr aus den köstlichen geflügelten Tieren machen können als Suppe, Ragout und Brathähnchen.

Also folgen wir dem Motto:

stekk an die gentzpratem
darzu die henner jung
darauf mag uns gerathen
eyn freyer, frischer trunck.

henner in salse von wein

Poularde in Rotwein-Sauce

Ein Rezept, das auf Julius Caesar zurückgehen soll und uns vom päpstlichen Leibkoch Bartolomeo Scappi überliefert ist

1 Poularde ca. 1,5 kg
250 g Butter
125 g durchwachsener Speck
10 Schalotten
250 g Champignons
2 Trüffel (falls möglich)
1 EL Mehl
1 Kräutersträußchen
1 Flasche kräftiger Burgunder
Salz, Pfeffer

Die ausgenommene, vorbereitete Poularde wird geviertelt. In einer Kasserolle werden 125 g Butter, der gewürfelte Speck und die Schalotten zugedeckt gedünstet. Nach 5 Min. werden die feinblättrig geschnittenen Champignons dazugegeben und weitere 5 Min. gedünstet. Gemüse und Speck herausnehmen, die Poulardenteile hineinlegen und mit der restlichen Butter goldbraun anbraten. Die Gemüse und Speckwürfel werden wieder zugegeben und evtl. die feingehackten Trüffeln. Salzen, pfeffern. Nach 5 Min. wird alles mit Mehl überstäubt und untergezogen. Dann wird der Burgunder angegossen, das Kräutersträußchen beigegeben und der Topf wieder zugedeckt. Eine halbe Std. schmoren lassen.

Zu diesem Gericht schmekken gut »puttern anprenzt probstsemel« – in Butter goldbraun gebratene Weißbrotscheiben.

Mite Epfele gefilte entelin
Wildente mit Äpfeln gefüllt

2 Wildenten
Salz, Pfeffer, Majoran
4 säuerliche Äpfel
6 Scheiben Bardierspeck
50 g Schmalz oder Butter
1/16 l Apfelbrannt (Calvados)
1/16 l Wasser
4 EL saure Sahne

Die bratfertig vorbereiteten Wildenten waschen, trockentupfen und innen salzen. Außen mit Salz, Pfeffer und Majoran einreiben. Die Äpfel waschen und ungeschält achteln. Die Enten damit füllen und verschließen.

Nun mit den Speckscheiben umwickeln und in das heiße Schmalz legen. Im vorgeheizten Ofen (E: 225°, G: 4) ca. 45 Min. braten, wobei sie hin und wieder mit dem Bratfett und der Mischung aus Apfelbrannt und Wasser übergossen werden. Bardierspeck entfernen und die Enten ca. 8 – 10 Min. weiterbraten lassen.

Herausnehmen, warm stellen und die Sauce mit der Sahne binden. Dazu schmeckt »blauwer krautzchol« (von Seite 63) und auf alle Fälle Preiselbeeren.

gefilte wachtl mith wildbrett von ayr
Gefüllte Wachteln auf Eierteigstäbchen
Eine beliebte Delikatesse am Hof Erzherzog Ferdinands und Gemahlin Philippine Welser

4 Wachteln (1 pro Person)
Salz, Pfeffer
100 g Speckscheiben zum Bardieren

Füllung:
200 g Wildfleisch
Leber und Herz der Wachteln
Majoran, Rosmarin, Salz, Pfeffer
2 Knoblauchzehen
2 Gläschen Armagnac (Cognac)
4 EL Sahne
4 EL gehackte Pistazien
4 EL Semmelbrösel

Die ausgenommenen Wachteln waschen und trocknen. Dann wenig salzen, aber gut pfeffern.

Die Füllung bereiten Sie so:

Wildfleisch und Innereien fein hacken, mit den Gewürzen, den zerdrückten Knoblauchzehen, Armagnac, Sahne, Pistazien und Semmelbröseln gut vermengen und ca. 1 Std. zugedeckt ziehen lassen. Dann die Wachteln mit der Farce füllen, verschließen und mit den Speckstreifen bardieren. Im vorgeheizten Backofen (E: 200°, G: 3) ca. 30 Min. braten. Während der Zeit immer wieder mit dem Bratfett begießen.

Dazu gibt's »wildbrett von ayr« (von Seite 57).

Tranchiermeister bei der Tafel

Gentzpraten met blauwen krautzchol

Würzig gefüllte Gans mit Blaukraut

Eine Spezialität der mittelalterlichen Küche

für 4 – 6 Personen

1 Gans ca. 4 kg
Salz
500 g Äpfel
250 g Birnen
2 Zwiebeln
1 TL Zimt
Salz, Pfeffer
Majoran, Thymian
Honigwasser (Verhältnis 1:1)

Die Gans ausnehmen, waschen und innen salzen.

Äpfel und Birnen schälen und in Würfel schneiden. Die Zwiebeln in dünne Ringe schneiden. Das Obst mit Zimt vermischen. Nach Geschmack kräftiger nachwürzen. Die Fülle in die Gans geben und diese verschließen. Am einfachsten wird die Öffnung mit Zahnstochern zugesteckt und dann um diese kreuzweise ein Faden geschlungen, der am Ende verknotet wird. Jetzt wird die Gans dressiert. Die so vorbereitete Gans mit Salz, frisch gemahlenem Pfeffer, gerebeltem Majoran und frisch in der Hand zerriebenem Thymian gut einreiben, mit der Brust nach unten auf einen Bratrost oder in einen Bräter legen und in den vorgeheizten Backofen schieben. (E: 200°, G: 3)

Nach 15 Min. zwei fingerhoch kochendes Wasser zugießen und die Gans an den Seiten, Hüften, am Rücken und oberhalb der Flügel mit einer Nadel einstechen, damit sie Fett verliert. Das Fett gießt man während der Bratzeit des öfteren über die Gans. Nach einer Stunde wird die Gans umgedreht und nach 2 – 2¼ Std. der Ofen auf starke Oberhitze geschaltet. Die Gans dann mit kaltem Honig-Wassergemisch überstreichen und noch ca. 5 Min. bräunen lassen, so wird sie knusprig goldbraun.

Den »blauwen krautzchol« finden Sie auf Seite 63.

Wie Sie die Gans am einfachsten tranchieren, sehen Sie auf Seite 13.

henner von maisstrekeu Bartolomeo

Gefülltes Huhn nach Art eines bischöflichen Meisterkochs

für ca. 6 Personen

1 Poularde ca. 1,5 kg
Farce:
350 g Schinken in Scheiben
200 g Kalbsschnitzel
Petersilie. Knoblauch, Salz, Pfeffer
1 Ei
1 kg Rinderrippchen
1 Markknochen
200 g Möhren
150 g weiße Rüben
100 g Lauch
1 Zwiebel
Salz, Pfeffer
Wasser

In das bratfertig vorbereitete Huhn die Farce aus dem feingeschnittenen Schinken, dem Kalbsschnitzel, Petersilie und Knoblauch, dem Ei, abgeschmeckt mit Salz und reichlich Pfeffer, geben. Das Huhn verschließen. Am einfachsten wird die Öffnung mit Zahnstochern zugesteckt und um diese kreuzweise ein Faden geschlungen und am Ende verknotet.

In einen Topf geben, mit den Rippchen, Markknochen und dem grobgeschnittenen Gemüse umlegen und soviel Wasser aufgießen, daß das Gemüse bedeckt ist. Salz zugeben und langsam kochen. 2 – 3 Std. garziehen lassen und zusammen anrichten.

Dazu reichte man »gewürtztes steynbrodt« von Seite 69.

gefilte taup von spis

Gebratene Taube am Spieß
Oder auch aus dem Backofen

4 Tauben (1 pro Person)
Salz, Pfeffer
100 g Speckscheiben
Füllung:
1 Brötchen
1 Bund Petersilie, 1 Zwiebel
Herzen und Lebern der Tauben
2 Eier
1 – 2 EL Sahne
Salz, Pfeffer,
Muskat
40 g Butter
Soße:
1/8 l Weißwein
4 EL Sahne

Die bratfertigen Tauben waschen, trocknen und von innen und außen salzen und pfeffern.

Brötchen einweichen und ausdrücken. Petersilie, Zwiebel und die Innereien fein hakken und mit dem Brötchen, den Eiern und der Sahne gut vermengen. Mit den Gewürzen kräftig abschmecken.

Die Farce in die Tiere füllen und diese an Hals und der unteren Öffnung verschließen, dressieren und in Speckscheiben wickeln.

Auf den Bratspieß stecken oder im Bräter in dem vorgeheizten Ofen (E: 175°, G: 2½) ca. 30 – 45 Min. unter ständigem Begießen mit dem Bratfett und Wein braten.

Den Speck ablösen und den Bratenfond mit der Sahne ablöschen.

Krammetsvögel mit vinpleter

Krammetsvögel oder Wacholderdrosseln
eine Delikatesse der höfischen Küche des Mittelalters,
heute als Rebhuhn in Weinblättern wiederentdeckt

4 junge Rebhühner (sie haben gelbe Ständer)
40 g Butter
Salz, Pfeffer
8 Wacholderbeeren
500 g grüne Weintrauben
150 g Weinblätter (aus der Dose)
100 g Speckscheiben zum Bardieren
1/4 l weißer Dessertwein

Die Rebhühner ausnehmen, schnell waschen und abtrocknen. Aus Butter, zerstoßenen Wacholderbeeren, Salz und Pfeffer eine Paste bereiten und die Tiere damit gut einreiben und mit den Weintrauben füllen. Tiere verschließen und mit den Weinblättern umlegen. Nun die Tiere mit den Speckscheiben umwickeln und mit einem dünnen Garn dressieren.

Sollten Sie einen Grill haben so stecken Sie die Tiere auf einen Bratspieß und hängen sie in den vorgeheizten Grill. 30 – 40 Min. unter ständigem Begießen mit dem Wein braten. Speckscheiben abnehmen und noch ca. 5 Min. grillen.

Die fertigen Tiere mit dem Bratfond übergießen und heiß servieren.

Oder sie werden im Backofen – vorheizen (E: 200°, G: 3) – 40 Min. gebraten. Dann vom Bardierspeck und den Weinblättern lösen und nochmals 5 Min. bei starker Oberhitze bräunen. Den Bratfond mit dem Dessertwein ablöschen.

bastettem von hispania

Spanische Pastete
ein Rezept, das schon die Griechen als »Katillos« kannten

Teig:
500 g Mehl
2 Eier
50 g Schmalz
2 EL Wasser
Füllung:
250 g Hähnchenbrustfilets
250 g Schweinefleisch
250 g Hammelfleisch
50 g Rindermark
20 g Schmalz
1 Bund Schnittlauch
2 Zwiebeln
100 g Champignons
Salz, Pfeffer, Thymian, Basilikum, Kerbel, Rosmarin
100 g Speckscheiben zum Auslegen
1 Eigelb

Aus Mehl, Eiern, erwärmtem Schmalz und Wasser einen trockenen Teig bereiten und ca. 2 Std. ruhen lassen.

Das Fleisch fein hacken und mit den ebenfalls feingewiegten Zutaten, dem Ei und den Gewürzen gut vermengen.

Eine gefettete Spring- oder Pastetenform mit Teig und Speckscheiben auslegen und die Füllung hineingeben. Die Teigränder anfeuchten und den Deckel auflegen und andrücken. Mit einer Nadel mehrmals einstechen, damit der Backdampf entweichen kann. Mit dem verquirlten Eigelb bestreichen und ca. 1½ Std. im vorgeheizten Backofen (E: 200°, G: 3) knusprig goldbraun backen.

kapon vin spis mit vil guet wirtzkreyter

Knusprig würziges Huhn vom Spieß

1 Poularde ca. 1500 g
Salz, Pfeffer, Majoran, Rosmarin

Füllung:
2 Knoblauchzehen
Basilikum, Majoran, Kerbel, Estragon
20 g Butter
Weitere 20 g Butter zum bestreichen
3 EL Honig, 3 EL Wasser

Die Poularde ausnehmen, waschen und abtrocknen. Knoblauchzehen zerdrücken und mit der Butter vermischen. Die Poularde von innen damit gut einreiben. Die Kräuter in die Poularde stopfen und verschließen.

Die Poularde von außen mit wenig Salz, reichlich frisch gemahlenem Pfeffer, zerstoßenem Majoran und Rosmarin einreiben, auf den Bratspieß stecken und auf den Grill hängen. Während der Bratzeit hin und wieder mit Butter bestreichen. Nach einer guten Stunde mit der Honig-Wasserlösung einpinseln und noch ca. 5 – 10 Min. bräunen lassen.

Die Poularde wird am Tisch portioniert, indem man sie der Länge nach halbiert und dann quer tranchiert. Dazu gibt es Gemüse oder die gebratenen Äpfel »epfi in vine mith mandel« von Seite 80.

kaponenbastettem mit guet pflumenmuos

Poulardenpastete mit Pflaumensauce

Teig:
500 g Mehl
2 Eier
50 g Schmalz
2 EL Milch oder Wasser

Füllung:
1 Poularde, ca. 1000 g
oder 1000 g Hühnerbrust
Majoran, Basilikum, Rosmarin,
Estragon
1 Zwiebel
2 Eier
1/8 l saure Sahne
1/8 l Weißwein
100 g durchw. Speck in Scheiben
Fett zum Ausfetten
1 Eigelb

Aus Mehl, Eiern, erwärmtem Schmalz und Wasser einen trockenen Teig bereiten und ca. 2 Std. ruhen lassen.

Inzwischen das Fleisch in kochendem Wasser 30 Min. garen lassen. Herausnehmen, entbeinen und von der Haut befreien. Bis auf eine Brust wird das ganze Fleisch mit den Kräutern zweimal durch einen Fleischwolf gedreht. Die Masse mit den Eiern, der feingehackten Zwiebel, der Sahne und dem Weißwein vermengen.

Die restliche Brust in Speck wickeln.

Eine Auflauf- oder Pastetenform (Kastenform) ausfetten und mit dem Teig auslegen. Einen Rest für den Deckel zurückbehalten. Die Pastetenfülle zur Hälfte eingeben, die ganz gebliebene Brust darauflegen und den Rest der Fülle zugeben.

Die Teigränder anfeuchten, den Deckel auflegen und andrücken. Mit dem Eigelb bestreichen und mit einer Nadel mehrmals einstechen, damit der Dampf beim Backen entweichen kann. Im vorgeheizten Backofen (E: 200°, G: 3) eine gute Stunde backen.

Dazu reichen Sie Pflaumenmus, das Sie mit einer Prise Zimt und Ingwer pikant würzen.

von gesoten unnd gepraten Fleysch

Fleischgerichte

Selbst ein tellergroßes Steak, das uns heute als das Maximum dessen erscheint, was ein Mensch essen kann, wäre für unsere Vorfahren im Mittelalter gerade soviel gewesen, um einen hohlen Zahn zu stopfen. Und bei einer Tracht (Gang) mit Braten blieb es nicht. Wenn es irgendein Land auf dieser Erde gibt, wo die Menschen, was das Prassen angeht, noch in Unschuld leben, so ist Deutschland bestimmt nicht dieses Land. Denn schon im Jahre 1549 mußte hier ein Bischof die verblüffte Gemeinde darauf aufmerksam machen, daß es nicht anstünde, Teile des heiligen Hochaltars als Buffet zur Kirchweihschmauserei zu entweihen.

Was auf die Tafeln kam? Die erste »Tracht« brachte für jeden Gast eine Pastete von drei Rebhühnern. Dazu wurden aufgefüllt mit Weinbeeren, ein riesiger Hechtkopf samt gespicktem Hecht, Ochsenbraten mit Meerrettichsauce, Hühnerpastete und Kapaun. Zur zweiten »Tracht« wurde ein Turm aufgetragen, aus dem Wein floß, in dem kleine Fische schwammen, gesottene Karpfen, Sauerkraut mit Leberwürsten, Rehpastete, Schweinsköpfe, heißer Speckpfannkuchen und kalter Salm sowie ein Hammel vom Spieß, aus dessen Hals Rotwein sprudelte. Die dritte »Tracht« brachte: Pastete, Wild in Sauce, ein Haus aus feinem Gebäck, Spanferkel, Eierkuchen, einen Adler aus Gebäck, gefüllt mit einem Geflügelgelee, Apfelkuchen und zum Schluß eine Fischsuppe. Das alles gab es zur Vermählung der Gräfin Elisabeth zu Helfenstein mit dem Grafen Georg von Rappoltstein im Jahre 1543.

Fürstliche Tafel aus dem Hauptwerk der Tranchierkunst, dem »Neu vermehrtes Trenchir-Büchlein«

Ein wahrhaft opulentes Mahl neben dem sich ein deutsches Sonntagsmenü von heute mit Suppe, Hauptgericht und Dessert wie das Mahl eines Zwerges ausnimmt.

Und wie köstlich, mit welcher

Phantasie alles gekocht, gebraten, gesotten und gebacken wurde! Zum Beispiel die knusprigen Braten vom Spieß oder aus dem Ofen. Die Braten und Pasteten von Hammel, Lamm, Schwein, Rind und Ochsen. Wie sie zubereitet werden, das sagt Ihnen das folgende Kapitel.

gefilt brust von Kalv
Gefüllte Kalbsbrust
für 6 Personen

1,5 kg Kalbsbrust
250 g Kalbfleisch
250 g Ochsenfleisch
4 Eier
6 EL gehackte frische Kräuter: Petersilie, Dill, Liebstöckel, Schnittlauch etc.
2 EL Paniermehl
Salz, Pfeffer
Muskat, Safran
50 g Bratfett
¾ l gute Fleischbrühe
1 geh. EL Mehl

Lassen Sie sich gleich beim Metzger in die Kalbsbrust eine Tasche einschneiden.

Das Ochsen- und Kalbfleisch fein durch den Fleischwolf drehen, die Eier, Kräuter und das Paniermehl dazugeben und die Masse gut vermengen. Salzen, pfeffern und mit Muskat und ein wenig Safran abschmecken.

Die Farce in die Tasche der Kalbsbrust füllen und diese verschließen.

Das Fleisch leicht salzen und im heißen Fett kräftig anbraten. Langsam ¼ l Fleischbrühe zugießen, den Topf fest zudecken und das Fleisch ca. 2 Std. schmoren lassen. Das Fleisch herausnehmen und warm stellen.

Das Mehl im Bratenfond anbräunen, die restliche Fleischbrühe zugießen und die Sauce abschmecken. Das Fleisch in dicke Scheiben schneiden und servieren.

Dazu passen stilgerecht »abtsknödl« von Seite 70 und »gemüs von arbaiß unnd rueben« von Seite 62.

Rindfleysch von rippen met wildbrett von ayr
Pikante Hochrippe in der Kruste mit gebackenen Eierteigstäbchen

Braten:
1 kg Hochrippe
Salz, Pfeffer
Petersilie, Dill, Liebstöckel, Thymian
½ l Fleischbrühe
2 Möhren
1 Petersilienwurzel
¼ Sellerieknolle

Kruste:
100 g Butter
3 Eier
3 EL Semmelbrösel
1 EL Petersilie
1 EL Salz
4 EL saure Sahne

Das Fleisch mit den Gewürzen und Kräutern kräftig einreiben und in den Bratentopf legen, die Fleischbrühe und die geschnittenen Gemüse zugeben und ca. 1 Std. unter häufigerem Begießen schmoren.

Inzwischen aus der Butter, den Eiern, Semmelbröseln, Petersilie und Salz eine Paste zubereiten.

Das Fleisch aus dem Topf nehmen, abtropfen lassen und mit der Paste gut einstreichen.

Im vorgeheizten Ofen (E: 200°, G: 3) ca. 15 Min. backen.

Die Bratensauce mit der sauren Sahne binden. Das Fleisch vom Knochen lösen und in dicke Scheiben schneiden. Mit der Sauce und »wildbrett von ayr« von Seite 57 servieren.

Heidenische kuchen
Pastete
Ein Rezept aus den heidnischen Ländern, was soviel heißt, wie aus Böhmen und dem Orient

Teig:
500 g Mehl
2 – 3 Eier
50 g Schmalz
1 – 2 EL Wasser

Füllung:
750 g Rindfleisch
125 g durchw. Speck
2 – 3 Äpfel
Pfeffer, Majoran, Thymian, Liebstöckel
2 Knoblauchzehen, 3 Eier, 1 Eigelb

Einen festen Teig aus den angegebenen Zutaten bereiten und 2 Stunden ruhen lassen.

Inzwischen das gekochte Rindfleisch, Speck und Äpfel durch den Fleischwolf drehen und eine Farce zubereiten und kräftig mit Kräutern und Gewürzen abschmecken. Die Eier hinzufügen und untermischen.

Den Teig dünn ausrollen und die Füllung als Rolle auf den Teig legen. Die Kanten des Teiges anfeuchten und umschlagen. Mit dem Eigelb bestreichen und mit einer Nadel mehrmals einstechen, damit der Backdampf entweichen kann. In den vorgeheizten Backofen schieben (E: 200°, G: 3) und ca. 1 Std. goldbraun backen. Warm servieren mit der »wirtzkreyter-Salse« von Seite 53.

kalf bastettem mit ribislbermuos
Kalbfleischpastete mit Johannisbeercreme

Teig:
500 g Mehl
3 Eier
50 g Schmalz

Füllung:
750 g Kalbfleisch
100 g Speck
10 große Champignons
2 Knoblauchzehen, Salz, Pfeffer
1 Glas Weißwein

Einen festen Teig aus dem erwärmten Schmalz, Mehl, Eiern und evtl. etwas Wasser kneten und gut 2 Std. ruhen lassen.

Das gekochte Kalbfleisch, den Speck und die Champignons zweimal durch einen Fleischwolf drehen und mit den zerdrückten Knoblauchzehen, dem Salz, Pfeffer und Wein abschmecken.

Den Teig ausrollen und eine Pastetenform (Kastenform) damit auslegen. Einen Rest für den Deckel zurückhalten.

Die Pastetenfüllung hineingeben und die Teigränder anfeuchten. Deckel auflegen und mehrmals einstechen. Im vorgeheizten Backofen (E: 200°, G: 3) gut 1 Std. backen.

Dazu gibt es »ribislbermuos« von Seite 53.

Ain fein Oxenzungenbastettem

Ochsenzungenpastete

Aus dem Kochbuch der Philippine Welser, das um 1550 entstanden ist

für 6 Personen

Teig:
500 g Mehl
3 Eier
50 g Schmalz
etwas Wasser
75 g durchw. Speck in Scheiben

Füllung:
1 Ochsenzunge
10 Nelken
Ingwer, Zimt, Muskat
Salz, Pfeffer

Paste:
2 Eier
1 Glas Rotwein
3 EL Semmelbrösel
10 g Schmalz
Fett für die Form
1 Eigelb zum Bestreichen

Einen festen Teig aus dem Mehl, erwärmtem Schmalz, den Eiern und evtl. etwas Wasser kneten und 2 Stunden ruhen lassen.

Inzwischen die gekochte und abgezogene Ochsenzunge in Scheiben schneiden.

Die gefettete Form mit dem Teig auslegen, ein Drittel für den Deckel zurückhalten. Dann die Speckscheiben einlegen und die in Scheiben geschnittene Ochsenzunge daraufschichten. Jede Schicht mit dem Gewürzgemisch aus zerstoßenen Nelken, wenig Ingwer, Zimt, reichlich Muskat, Salz und Pfeffer bestreuen.

Die ausgelegte Form mit der Paste aus zerschlagenen Eiern, Rotwein, Semmelbrösel und erwärmtem Schmalz übergießen. Die Teigkanten anfeuchten, den Deckel auflegen und andrücken. Mit einer Nadel einstechen, damit der Backdampf gut entweichen kann. Mit dem Eigelb bestreichen.

In den vorgeheizten Backofen (E: 200°, G: 3) schieben und ca. 30 – 45 Min. goldbraun backen.

Blick in eine Küche des späten Mittelalters

Lampratem von spis
Lammrücken vom Spieß
Aus dem Kochbuch des päpstlichen Leibkochs Bartolomeo Scappi, der mit diesem Gericht seinen Herrn, Papst Pius V., bezauberte
für 4 – 6 Personen

Braten:
1,5 – 2 kg Lammrücken, entbeint (möglichst Lämmer aus den Monaten Januar bis Mai)
Kerbel, Liebstöckel, Majoran
Salz

Fülle:
150 g Speck
150 g milder Schinken
150 g Lamm- oder Kalbsleber
150 g Kalbsherz
2 Äpfel
2 Birnen
2 Zwiebeln
3 Eier
75 g Parmesan
Pfeffer, Salz
1 TL Thymian
1 EL gehackte Petersilie

zum Bardieren:
200 g Speck in Scheiben
Apfelsinensaft

Der entbeinte Lammrücken wird gewaschen, getrocknet und mit den Gewürzen eingerieben.

Speck, Schinken, Leber, Herz, Äpfel, Birnen und Zwiebeln kleinschneiden und gut vermengen, würzen und die Eier mit dem Parmesan unterziehen.

Diese Masse nun in den Rükken füllen und die Fleischlappen verschließen. Am einfachsten stecken Sie alle 5 cm eine Rouladennadel ein und ziehen einen Zwirn kreuzweise von vorn bis hinten, wo Sie ihn verknoten. Den Braten mit den Speckscheiben umwickeln und auf den Bratspieß stecken oder in einen Brattopf legen.

Im Backofen (E: 200°, G: 3) oder am Grill gut 1¼ – 1½ Std. braten, dabei des öfteren mit dem Bratenfond und dem Apfelsinensaft übergießen.

Den Speck abnehmen, den Verschluß lösen, Rücken in dicke Scheiben schneiden und mit dem Fond übergossen servieren. Dazu reichen Sie »gebachene zwiffl« von Seite 62 und »semladorttem« von Seite 71.

Haml mit krustem von spis
Krustenbraten vom Hammel
Eine Spezialität der höfischen Küche zur sagenumwobenen Hochzeit des Grafen Georg von Rappoltstein mit Gräfin Elisabeth von Helfenstein im Jahr 1543
für 4 – 6 Personen

1 Rippenstück mit 7 Rippen, ca. 2 kg
3 Knoblauchzehen
50 g Schmalz
Pfeffer, Liebstöckel
Majoran, Kerbel, Minze
Salz, 1 Tasse Wasser

Das Rippenstück mit den halbierten Knoblauchzehen spikken und mit der Mischung aus erwärmtem Schmalz und Kräutern kräftig einreiben. Auf den Bratspieß stecken oder in die Kasserolle legen. Unter den vorgeheizten Grill hängen oder in den vorgeheizten Backofen (E: 220°, G: 4) schieben. Ca. 1¼ Std. braten, dabei des öfteren mit der Kräuterpaste oder dem Bratfond einreiben.

Dann das Fleisch aus der Kasserolle nehmen und auf den Bratrost legen. Die Salzwasserlösung mit soviel Salz bereiten, bis das Wasser gesättigt ist, das Fleisch damit einpinseln und bei guter Oberhitze weiterbraten.

Fleisch mehrmals drehen und immer wieder einpinseln. Nach ca. 10 Min. ist die Kruste knusprig und der Braten kann serviert werden.

Am Spieß pinseln Sie den sich drehenden Braten laufend mit der kalten Salzwasserlösung ein. Nach ca. 10 Min. ist er ebenfalls fertig.

Zum Braten reichen Sie stilgerecht »pälgt Arbaiß in kreyter« von Seite 65.

Spanferchel pratem met fil guet semladorttem

Gebratene Spanferkelkeule mit knuspriger Semmeltorte für 4 – 6 Personen

1 Spanferkelkeule, ca. 2 kg
3 – 4 Knoblauchzehen
Salz, Pfeffer
1 Tasse Wasser
evtl. etwas Schmalz

Die Keule salzen, mit den halbierten Knoblauchzehen spikken und 4 – 6 Std. stehenlassen. Dann an den Spieß stecken oder auf den Bratrost in den Backofen legen. Den Spieß in den vorgeheizten Grill hängen oder den Rost in den vorgeheizten Backofen schieben. (E: 200°, G: 3). Ca. 45 Min. braten, bis die Keule gut medium, gar, aber noch nicht ganz durchgebraten, ist. Nun mit der Salzwasserlösung – soviel Salz in das Wasser geben, bis es gesättigt ist – laufend einpinseln und noch 5 Min. braten lassen.

Soll die Keule knuspriger sein, so wird die Bratzeit um 10 Min. verlängert. Soll die Keule saftiger sein, muß sie öfter mit Schmalz eingerieben werden.

Dazu gibt's verschiedene Sorten Senf – zum Beispiel den »Senaf mit wirtzkreyter« von Seite 54 und »semladorttem« von Seite 71. Und als Getränk ein kühles Bier.

Haml von spis

Hammelkeule
Sie schmeckt am besten vom Holzkohlenrost
für 4 – 6 Personen

1 Hammelkeule, ca. 2 kg
3 Knoblauchzehen
Schmalz
30 – 50 g mittelscharfer Senf
Thymian
Salz, Pfeffer

Die Hammelkeule mit den halbierten Knoblauchzehen spikken und gut 1 Std. liegenlassen. Inzwischen aus dem cremig erwärmten Schmalz und dem Senf eine Paste anrühren und die Keule damit bestreichen. Die Keule auf den Grill legen und jede Minute wenden, mit der Senfpaste bestreichen und mit Thymian bestreuen.

Nach ca. 45 Min. ist die Keule medium gegart, aber noch nicht durchgebraten. Mit Salz und frisch gemahlenem Pfeffer würzen und servieren.

Wenn Sie den »Haml von spis« im Backofen machen wollen, so legen Sie die Keule auf den Bratrost im vorgeheizten Ofen (E: 225°, G: 4) und verfahren dann wie beim Grill.

fein äffenmund
Maultaschen
Für 4 – 6 Personen
Ein Rezept aus der Klosterküche zu Tegernsee, wo sie »Affenmund« hießen

Teig:
500 g Mehl
3 – 4 Eier
1 Prise Salz
50 g Schmalz

Füllung:
500 g Schweinefleisch
250 g Rindfleisch
3 Semmeln
2 Zwiebeln
2 Eier
Salz, Pfeffer, Majoran, Thymian
Muskat
50 g Butter oder Schmalz, Salzwasser zum Kochen,
1 Bund Petersilie

Aus dem Mehl, dem erwärmten Schmalz, Eiern und einer Prise Salz einen Nudelteig bereiten und gut 2 Std. stehenlassen.

Inzwischen das Fleisch, die eingeweichten und ausgedrückten Semmeln und die feingehackten Zwiebeln durch den Fleischwolf drehen, mit den Eiern gut durcharbeiten, bis sich eine streichbare Masse ergibt. Mit den Gewürzen kräftig abschmecken.

Den Teig ungefähr 3 mm dick ausrollen und in 5 × 5 cm große Quadrate schneiden. Die Ränder mit Wasser befeuchten, in die Mitte jeden Quadrates etwas von der Füllung geben, zu einem Dreieck zusammenklappen und die Ränder gut andrücken.

Inzwischen wird Salzwasser zum Sieden gebracht. Die Teigtaschen werden ins Wasser gegeben und müssen ziehen, bis sie nach oben steigen.

Die »äffenmund« gut abtropfen lassen und in eine Schüssel geben. Darüber gießen Sie das zerlassene Fett und streuen die feingewiegte Petersilie darauf.

pratem von swine met gabassenes
Räucherbraten mit Kraut
Ein Rezept für den Holzkohlengrill

1 kg mildes Pökelfleisch (Schweinekamm)
2 Knoblauchzehen
je 6 Wacholderbeeren und Pfefferkörner
Kümmel, Rosmarin
Tannenreisig zum Räuchern
Holzkohle

Das Fleisch mit den geviertelten Knoblauchzehen spicken und mit den zerstoßenen Wacholderbeeren, Pfefferkörnern, Kümmel und Rosmarin kräftig einreiben.

Das zerkleinerte Tannenreisig im Grill entzünden, den Braten auf den Spieß stecken und gut eine Stunde über dem Reisigfeuer leicht räuchern. Nach ca. 50 Min. die Holzkohle aufschütten und den Braten bei voller Hitze noch gut 15 Min. braten lassen.

Dazu servieren Sie »gabassenes« von Seite 66 und »steynbrodt« von Seite 69.

fein pratem von kalb
Kalbspieße mit rassiger Senfsauce

1 Kalbsnuß
Petersilie, Schnittlauch
10 Schalotten
10 große Champignons
3 Trüffel
Salz, Pfeffer
Öl

Die mürbe Kalbsnuß wird gehäutet und quer zur Faser der Länge nach in 12 – 16 Scheiben geschnitten, die Sie mit der Hand leicht anklopfen und in eine gefettete Auflaufform o. ä. legen. Darüber kommen nun Petersilie, Schnittlauch, Schalotten, Champignons und Trüffeln, alles fein gewiegt und mit Salz, frisch gemahlenem Pfeffer und Öl vermischt. 2 bis 3 Std. zugedeckt stehenlassen.

Dann werden die Kalbfleischscheiben zusammengeklappt und auf Spieße gesteckt. Über dem Holzkohlengrill oder im Backofengrill garen und mit der »salse von senaff« (siehe Seite 54) übergießen.

Wie aus der Originalkochanleitung hervorgeht, wurden nach diesem Rezept auch Schweinefilets oder Lamm-Chops zubereitet.

gabassenes mit würst unnd faisten
Eine königliche Schlachtplatte für 4 – 6 Personen
Heute kommt dieses köstliche Gericht leider nur noch in reichlich heruntergekommener Form auf Speisekarten vor.

1 kg frisches Sauerkraut
(oder Dose)
50 g Schmalz
3 Zwiebeln
Salz, Pfeffer, Zucker
250 g durchw. Speck
¼ l Weißwein
2 säuerliche Äpfel
1 – 2 Eisbein
4 Blutwürste
4 Grützwürste
4 Leberwürste
1 Zwiebel mit 5 Nelken gespickt
15 Wacholderbeeren
3 Knoblauchzehen
3 Lorbeerblätter
Kümmel

Im Schmalz werden die in Würfel geschnittenen 3 Zwiebeln glasig gedünstet. Die übrigen Gewürze etwas anschmoren und die Hälfte des Sauerkrauts daraufgeben. Mit Salz, Pfeffer und einer Prise Zucker würzen, den in Scheiben geschnittenen Schinkenspeck darauflegen, das restliche Sauerkraut darüberschichten. Den Wein angießen. Die geschälten und entkernten Äpfel klein würfeln und dazutun. Frisches Sauerkraut eine Stunde sanft schmoren lassen und dann erst das Fleisch zugeben. Bei Dosenkraut wird das Fleisch gleich dazugegeben. Wenn das Fleisch untergemischt ist, das Kraut 2 Stunden weiterschmoren lassen. Die Würste in der letzten Viertelstunde zugeben und warm ziehen lassen.

Beim Anrichten wird Fleisch und Wurst auf dem kochendheißen Kraut dekoriert. Nicht stilecht, aber eine delikate Ergänzung zu diesem Gericht sind Kassler Rippchen.

von salsen
Saucenrezepte

Aus dem Kreitterbuch von Hieronymus Bock – der Markt, die Einkaufsstätte des Mittelalters (1577)

Nim, soln die salse guot
smachaftig sin
peterlin, salveie, salz, pheffer,
knobelouch unt win.
Misch al samen mit liebunge unt
verstandenheit
also werd di salse guot, gesundec
unt würzic.

Dieses Rezept zur Herstellung von Saucen sollte man auch heute noch in das Stammbuch vieler Köchinnen und Köche schreiben. In das Stammbuch jener Köche, bei denen die Kunst der Saucenbereitung mit der dunklen Mehlschwitze stehengeblieben ist. Denn die Sauce ist die Krönung des Essens. Und nicht ohne Grund haben schon römische Kaiser die Erfinder von Saucen mit Geschenken überhäuft und ist ein guter Saucenkoch auch heute noch ein gesuchter Meister in den Feinschmeckerküchen.

Die Entwicklung der Saucen ist so fest mit der Entwicklung der Kochkunst verbunden wie nichts anderes. Ihre Grundrezepte – mit Ausnahme von Mayonnaise, Hollandaise und Bearnaise – finden wir schon in den mittelalterlichen Kochbüchern und zum Teil sogar noch Jahrhunderte früher. Ihr hohes Ansehen kommt auch im folgenden Sprichwort zum Ausdruck:

wie fad schmeckt jedes Gericht,
dem es an rechter Sauce gebricht.

Wie wahr. Denn was ist der schönste, knusprigbraune Braten ohne eine alle Geschmacksvariationen aufschließende Sauce? Eben nur ein schöner, knusprigbrauner Braten.

Das folgende Kapitel möchte, daß Sie mit mir zusammen Saucen entdecken, die mit Fug und Recht von sich behaupten können: Wir sind Saucen. Saucen im wahren Sinn unseres Namens. Nämlich »salsen« – also würzige, witzige (was hier soviel heißen mag wie: mit Pfiff) Zugaben zum Braten.

ein salse vürgetragen mite wild vögel

Eine Sauce zu Wildgeflügel, wie sie der Maistrekeu Taillevent schon 1350 zubereitete

2 Zwiebeln
2 Weißbrotscheiben
75 g Speck
¼ l Rotwein
1 TL Herbes de Provence
50 g Zucker
1 Pr. Zimt

Zwiebeln und Brot klein würfeln. Speck auslassen und die Zwiebeln leicht, die Brotwürfel goldbraun bräunen. Nun die Brotwürfel im Rotwein weichen und mit Zwiebeln und Speck durch ein Sieb treiben. Die Kräuter, Zucker und Zimt zugeben und mit einem Schneebesen gut durchschlagen. Aufwallen lassen und zu Rebhuhn, Fasan und anderem Wildgeflügel servieren.

Salse von Hispanien

Sauce Espagnol

eine braune Grundsauce, deren Erfinder ein spanischer Koch des Mittelalters gewesen sein soll

500 g Kalbsknochen
60 g Kalbsfett (vom Schlachter)
2 mittlere Zwiebeln
1 kleine Mohrrübe
1/8 Sellerieknolle
1/4 Petersilienwurzel
60 g Mehl
3 EL kaltes Wasser,
2 l Fleischbrühe
Pfeffer, Salz

Die Kalbsknochen fein hacken und im Kalbsfett rösten. Die feingewürfelten Gemüse dazugeben und gleichfalls rösten. Jetzt stäuben Sie das Mehl darüber und lassen es schön braun werden. Mit dem Wasser ablöschen und nach und nach die Fleischbrühe zugießen.

Die Sauce ca. 2 Std. unter öfterem Umrühren und Abschäumen kochen bis sie eindickt. Durch ein Sieb passieren, mit Pfeffer und Salz würzen.

Diese braune Grundsauce ist die ideale Grundlage für alle Bratensaucen zu dunklem Fleisch wie Rind, Hammel und Wild.

wingertener salse

Sie scheint besonders von Winzern und Weinhändlern bevorzugt worden zu sein. Oder hat sie ihren Namen durch den Anteil an Weißwein?

1/4 l Weißwein
6 Schalotten
1 EL Butter
1 Bund Petersilie

Die feingewiegten Schalotten im Weißwein kochen, bis die Flüssigkeit ziemlich eingekocht ist. Die Butter und gehackte Petersilie darangeben, vom Feuer nehmen und mit dem Schneebesen gut verschlagen. In einer vorgewärmten Sauciere auftragen.

salce Robert

Sauce Robert

In fast unveränderter Form ist uns diese Sauce, die der Leibkoch Franz I. von Frankreich erfunden haben soll, erhalten und wird besonders gern zu Schweinefleisch gereicht

100 g Butter
3 Zwiebeln
etwas Fleischbrühe oder Bratenfond
2 EL Essig
1 Pr. Zucker
Pfeffer, Salz
1 TL gehackter Estragon
1 – 1½ EL mittelscharfer Senf

Die feingehackten Zwiebeln in der Butter anziehen lassen, bis sie glasig sind. Die Fleischbrühe zugeben und stark einkochen lassen. Das dauert ungefähr ½ Std. Dann Salz, Pfeffer, Essig, Zucker, Estragon und Senf zugeben und bei milder Hitze mit einem Schneebesen gut verschlagen. In einer vorgewärmten Sauciere oder über das Fleisch gegossen servieren.

salce von zwiffl

Eine Zwiebelsauce

die in Wirklichkeit gar keine Sauce ist. Aber sie paßt gut zu Rinderbraten. Schweinekotelettbraten (Lummerbraten) und zu Bratwürsten

500 g Zwiebeln
50 g Butter
40 g Mehl
¼ l Wasser
1 EL Weinessig
Salz, Pfeffer
Bratenfond
1 EL Schweineschmalz
Wasser

Aus Butter, Mehl und etwas Wasser eine helle Mehlschwitze bereiten. Die feingehackten Zwiebeln, Weinessig, Salz und Pfeffer zugeben. Die Bratensauce, in der das Schmalz zerlassen ist, angießen und alles zusammen kochen, bis die Zwiebeln ganz zerkocht sind. Die Creme durch ein Sieb treiben und über den Braten gießen.

Darstellung einer Küche mit windbetriebenem Bratspieß, dreifüßigen Töpfen und zum Räuchern im Kamin aufgehängten Würsten. (Küchemaistrey um 1490)

Daz ist eyn salse vüre Fleysch
Würzsauce zu Fleisch
eindrucksvoll einfach in der Zubereitung und überraschend ausgeprägt im Geschmack, so könnte man diese Sauce charakterisieren

50 g Butter
1 Zwiebel
1 EL Mehl
1 Gläschen Apfelbrannt
1 Gläschen Wasser
Salz, Pfeffer, 1 Pr. Muskat,
1 Pr. Zimt
¼ l Sahne

1 EL Butter in einer Saucenpfanne schmelzen, die feingehackte Zwiebel darin glasig dünsten, das Mehl anbräunen und unter ständigem Rühren mit dem Kochlöffel soweit einkochen, bis eine braune Paste entstanden ist. Mit dem Apfelbrannt-Wasser-Gemisch löschen, die restliche Butter einrühren. Vor dem Anrichten mit Salz, Pfeffer, einer Prise Muskat und Zimtpulver gut würzen und mit der Sahne binden.

salse von Dijon senaf
Eine würzige Senfsauce
mit Senf aus der damaligen Senfmetropole Dijon
Man reicht sie zu Fisch

50 g Butter
40 g Mehl
Fischsud
1 EL Butter
1 TL Weinessig
2 EL Kräutersenf
1 EL Sahne

Aus Mehl und Butter eine ganz helle Mehlschwitze bereiten, der man unter ständigem Schlagen mit einem Schneebesen soviel Fischsud zugießt, bis die Sauce cremig ist. Butter, Weinessig, Senf und Sahne vermengen und an die Mehlschwitze gießen. Mit dem Schneebesen kräftig durchschlagen und kurz aufkochen lassen. In einer vorgewärmten Sauciere servieren.

knobelouch-salse von franzisch art
Eine Knoblauchsauce
deren Erfinder der Meisterkoch Taillevent sein dürfte

¾ l milder Weinessig
15 Knoblauchzehen
10 Schalotten
¼ l Weißwein
1 Hühnerleber
200 g frischer Speck
1 Eigelb
Bohnenkraut
Estragon, Basilikum
Salz, Pfeffer

Den Weinessig mit den Kräutern, den halbierten Knoblauchzehen und den Schalotten ca. 3 Std. einkochen lassen. Den Wein angießen und die Brühe mit allen Zutaten durch ein Sieb treiben. In diese Sauce reibt man nun fein den Speck und die Leber und läßt sie mit der Sauce ½ Std. dünsten. Dann bindet man die Sauce mit dem Eigelb und reicht sie zu Lamm-, Hammel-, Rind- oder Gamsbraten.

wirtzic salse von kren
Würzige Meerrettichsauce
aus der Klosterküche zu Tegernsee.
Sie wurde zu gekochtem Fleisch und Fisch gereicht. Schmeckt aber auch zu Gegrilltem.

1 Stange Meerrettich
oder 1 Glas geriebener Meerrettich
3 EL Butter
2 EL Mehl
3 EL scharfer Senf
3 EL milder Kräutersenf
Salz, 1 Pr. Zucker
evtl. 1/8 l Milch

Aus dem Mehl mit der zerlassenen Butter eine helle Mehlschwitze bereiten. Den Senf mit einem Schneebesen unterrühren und den geriebenen Meerrettich zugeben. Mit Salz und Zucker abschmecken und kräftig mit dem Schneebesen verschlagen. Sollte die Sauce zu fest werden, so geben Sie noch etwas Milch zu, damit die Sauce eine cremige Konsistenz bekommt.

wirtzkreyter-salse
Kräutersauce
das Meisterrezept eines mittelalterlichen Saucenkochs

1 Glas Weißwein
je 1 EL Kerbel, Estragon, Basilikum, Schnittlauch
2 Knoblauchzehen
1/2 l »salse von Hispanien« (Seite 50).
1 TL Schnittlauch
nochmals 1 TL Schnittlauch, Estragon, Kerbel

Im Weißwein müssen die Kräuter 24 Stunden ziehen, dann werden sie durchgeseiht und zur kräftig eingekochten »salse von Hispanien« gegeben. Nun wird die Sauce nicht mehr aufgekocht, damit der Geschmack der Kräuter nicht zerstört wird.

Kurz vor dem Servieren die weiteren feingewiegten frischen Kräuter unterziehen.

ribislbermuos
Johannisbeersauce

250 g rote Johannisbeeren
125 g schwarze Johannisbeeren
1/4 l Weißwein
1/4 l Wasser
1/8 l saure Sahne
2 EL Johannisbeergelee

Die Johannisbeeren in Wein und Wasser aufkochen und bis auf eine Handvoll alle durch ein Sieb passieren.

Dieses Püree auf sanftes Feuer stellen, mit der Sahne und dem Gelee binden und die unpassierten Johannisbeeren unterziehen.

salse von kronsber
Preiselbeersauce
die gern zu Wild und Geflügel gereicht wurde

250 g Preiselbeeren (1 Glas)
1 Tasse Weißwein
2 TL Zucker
1 TL Stärkemehl

Die Preiselbeeren mit dem Weißwein und dem Zucker unter Rühren aufkochen, durch ein Sieb treiben und dann die Sauce mit dem Stärkemehl binden. Nochmals kurz aufkochen und heiß servieren.

kronsbermuos
Preiselbeercreme
eine fruchtig würzige Beigabe zu Wildgerichten

250 g Preiselbeeren (1 Glas)
½ Tasse Weißwein
1 EL Zucker
⅛ l saure Sahne

Die Preiselbeeren mit dem Weißwein vermischen und unter Rühren gut einkochen, die Sauce durch ein Sieb treiben, den Zucker zugeben und mit der Sahne bei nicht zu starker Hitze solange einkochen, bis eine dickflüssige Creme entstanden ist. Heiß servieren.

weikselenmuos
Weichselkirschmus

200 g Weichselkirschen (aus dem Glas)
20 g Butter
1 EL milder Senf
¼ l Brühe
1 TL Speisestärke
Salz, Pfeffer, Zimt

Butter in einer Pfanne erhitzen, die entkernten Kirschen warm werden lassen und 5 Min. dünsten. Durch ein Sieb passieren, Senf und Brühe zugeben und unter Rühren kurz aufkochen. Mit der Speisestärke binden und mit einer kleinen Prise Salz, kräftig Pfeffer und einem Hauch Zimt abschmecken. Warm oder kalt zur Pastete servieren.

Senaf mit wirtzkreyter
Kräutersenf
wie ihn die Senfmacher von Dijon herstellen

Ein Rezept, das nicht unbedingt eine Sauce ist. Das aber nicht unerwähnt bleiben darf, da es die Grundlage vieler Saucen im Mittelalter bildete und darüber hinaus in geradezu immensen Mengen zu Braten verzehrt wurde.

1 l Weinessig
15 g gemahlener Zimt
4 g Nelken
8 g Piment
3 Zwiebeln
3 Knoblauchzehen
1 Kräuterbündel (Estragon, Thymian, Majoran, Lorbeer)
oder die entsprechende Menge Herbes de Provence
250 g Zucker
500 g schwarzes Senfmehl (aus dem Reformhaus)

Im Weinessig werden Zimt, gestoßene Nelken, Piment, in Scheiben geschnittene Zwiebeln, zerquetschte Knoblauchzehen und das feingewiegte Kräuterbündel mit dem Zucker zusammen unter Rühren mehrmals aufgekocht, zugedeckt und 1 Std. ruhig gestellt.

Dann wird die Brühe durch ein Sieb passiert und das Senfmehl untergerührt. Unterm Umrühren wird der Senf noch einmal aufgekocht und abgekühlt in Steingut- oder Glastöpfe abgefüllt.

Festbankett bei Hofe (Holzschnitt 1491)

von künstlich ayrspis

Eierspeisen

Mit dem Ei fängt die Kochkunst an. Und mit dem »Ayrkuchen mite Würtzkrute«, siehe auch auf Seite 60 hat der Koch des Mittelalters alle Weihen empfangen, die ihm zuteil werden konnten. Denn was dem Dichter das Wort, dem Maler die Farbe, das ist dem Koch das Ei. Eines der ältesten Nahrungsmittel und zugleich eine der größten Prüfungen für die Künste eines Kochs.

So war das Ei schon im alten Ägypten der Pharaonen eine wohlgepriesene Speise. Straußen- und Kranicheier standen in allerhöchster Gunst, denn unser Huhn war noch unbekannt und somit auch seine Eier. Damit ist die uralte Frage beantwortet: Wer war eher da – das Huhn oder das Ei? Das Ei war vor dem Huhn da! Aber nicht nur in der Küche wurden dem Ei Loblieder gesungen, auch die Medizin kannte Hunderte von Heilrezepten, in denen Eier eine wichtige Rolle spielten. Und wenn wir heute unseren neuen Erkenntnisse über Mineralstoffe, Vitamine und Proteine bestaunen, müssen wir den Heilkundigen und Ärzten des Mittelalters unsere Hochachtung ebenfalls zollen. Denn sie haben Erkenntnisse gehabt, die wir erst Jahrhunderte später wiederentdeckt haben.

Mit Eierspeisen eröffnete man im Mittelalter die Speisefolge. Und diese Sitte ist bis heute besonders in Mittelmeerländern beliebt.

Und auch als Beilage zu Fisch und Wildbret reichte man Eier. Feinschmecker halten dies heute noch für richtig.

Viele Rezepte, die Sie in diesem Kapitel finden werden, zeigen Ihnen, daß das Ei zu mehr nutze ist, als zu Rührei und zu Spiegeleiern. Sie werden mir dann recht geben, wenn ich behaupte: Mit dem Ei in der Pfanne fängt die Kochkunst an und mit dem Eierpfannkuchen die Kunst des Backens.

Ain hoflichs essen von ayren

Mit würzigem Wild gefüllte Eierteigtaschen
nach einem Rezept der »Kuchemaistrey«, dem Standardkochbuch des Mittelalters

Teig:
400 – 500 g Mehl
4 – 5 Eier
Majoran, Thymian, Salbei, Rosmarin
1 TL Salz

Füllung:
500 g gebratenes oder gekochtes Wildfleisch
125 g durchw. Speck
2 – 3 Eier
Salz, Pfeffer
Wildgewürz
1 Eiweiß
150 g Schmalz

Da das Mehl nicht immer gleich quillt und die Eier unterschiedlich groß sind, nehmen Sie ¾ der Mehlmenge und die Eier und verkneten sie. Das restliche Mehl geben Sie nach und nach nur bei Bedarf zu. Den Teig immer wieder mit den Handballen breit drücken, zusammenschlagen und wieder breit drücken. Salz und gewiegte Kräuter zugeben und gut unterkneten. Den Teig zu einer elastischen Rolle formen, die nicht mehr kleben darf. Teig unter einem angefeuchteten Tuch ca. 2 Std. ruhen lassen.

Bereitung der Fülle:
Das Wildfleisch und den Schinkenspeck durch einen Fleischwolf treiben, mit den Eiern vermengen und gut würzen.

Herstellung der Taschen:
Den Teig halbieren, in zwei dünne Blätter ausrollen und mit einem runden Ausstecher (ca. 10 cm Durchmesser) oder einer Tasse ausstechen. Auf die Hälfte der Teigblätter wird nun mit einem Eßlöffel die Fülle gleichmäßig verteilt. Die Ränder mit dem Eiweiß einstreichen, die übrigen Teigblätter als Deckel auflegen und fest andrücken.

Die Eierteigtaschen in der Pfanne bei mittlerer Hitze im Schmalz goldgelb ausbacken.

Heiß servieren mit Preiselbeeren.

Wildbrett von ayr
Eierteigstäbchen

Eierbett:
2 Eier
¼ l Milch
500 g Mehl
Kümmel, Majoran, Kerbel, Safran
Salzwasser
Fett zum Ausbacken
2 harte Eier
Pfeffer, Wasser, Salz

Eier, Milch und Mehl zu einem festen Teig verkneten, mit den Gewürzen abschmecken und mit Safran gelb färben. Den Teig in ein Leinentuch als Kloß einbinden und in dem kochenden Salzwasser gut 1¼ Std. ziehen lassen.

Den festen Kloß aus dem Wasser nehmen und in fingerdicke Streifen schneiden. Im heißen Ausbackfett schwimmend knusprig backen und mit den kleingehackten, harten Eiern und grobgemahlenem Pfeffer überstreuen. Die Wachteln darauf anrichten und servieren.

Ain fein geriht von ayren
Feine Eierspeise
als Vorgericht für 4 Personen

8 Eier
125 g Geflügelleber
16 – 20 Champignons
4 Trüffeln
Gänseschmalz
Salz, Pfeffer
1 Bund Petersilie

Die geschnetzelte Leber, die halbierten Champignons und feingeschnittenen Trüffeln in heißem Gänseschmalz kurz anziehen lassen und in einer feuerfesten Pfanne bei milder Hitze 3 Min. schmoren lassen. Rührei schlagen und mit Salz und Pfeffer würzen. Die Rühreimasse über die Leber und Pilze geben. Im vorgeheizten Ofen (E: 200°, G: 3) ca. 3 bis 5 Min. überbacken, die feingehackte Petersilie darüberstreuen und heiß servieren. Mit frischem »steynbrodt« von Seite 69 ist dies ein wirklich feines Eiergericht.

Daz ist auch ain gut spise von ayren
Gefüllte, überbackene Eierpfannkuchen
ein echtes Meisterstück, etwas kompliziert, aber lohnend

Füllung:
1 Hähnchen
4 Scheiben Speck
2 Äpfel
Salz, Pfeffer
8 Weißbrotscheiben
Milch zum Einweichen
2 Eier
Paniermehl
25 g Schmalz
Teig:
4 Eier
200 – 250 g Mehl
½ l Milch
Würzsauce:
⅛ l Rotwein
3 – 4 EL Honig
je 1 Prise Nelkenpulver und Ingwer

Das Hähnchen mit dem Speck umwickeln und im Ofen oder im Römertopf (E: 200°, G: 3) braten, entbeinen, wie für ein Ragout zerkleinern und warm stellen.

Inzwischen die Weißbrotscheiben in Milch weichen, in Ei und Paniermehl wenden und im heißen Fett goldgelb ausbacken. Warm stellen. Die Äpfel schälen, das Kernhaus ausstechen und in ca. fingerdicke Scheiben schneiden. Kurz anbraten und warm stellen.

Eierkuchenteig aus Mehl, Eiern und Milch herstellen und vier große Pfannkuchen backen.

Die Pfannkuchen in eine große Kasserolle legen und mit einer Schicht Äpfel belegen, darauf je Pfannkuchen zwei »Arme Ritter« (das ausgebakkene Weißbrot) legen und das Hähnchenfleisch darauf verteilen. Die Ränder des Pfannkuchens hochklappen und soweit wie möglich über die Fülle schlagen.

Sauce aus dem Rotwein, Honig und den Gewürzen bereiten und in die Öffnung gießen. Die Pfannkuchen im Backofen (E: 225°, G: 4) 5 Min. überbakken und heiß servieren.

gefilte dortem von ayren mite kronsbermuos

Gefüllte Eierkuchen mit Preiselbeersauce
nach einem Rezept aus der »Küchemaistrey«

Teig:
4 Eier
200–250 g Mehl
½ l Milch
Majoran, Estragon
Salz
Fett zum Backen

Füllung:
Fleisch von einem gebratenen Fasan
oder von 2 Rebhühnern
125 g durchw. Speck
2 Eier
Salz, Pfeffer, Petersilie, Kerbel
Thymian
1 Gläschen Apfelbrannt (Calvados)

Aus dem Mehl, den verschlagenen Eiern, der Milch und den feingewiegten Kräutern einen nicht zu flüssigen Pfannkuchenteig bereiten. Salzen. In dem heißen Fett acht kleine Pfannkuchen ausbacken und warm stellen.

Das Geflügelfleisch fein zerschneiden, mit dem gewürfelten Speck und den Eiern zu einer Farce verarbeiten. Mit den Gewürzen und dem Apfelbrannt abschmecken.

Die Füllung auf die Mitte von 4 Pfannkuchen gleichmäßig verteilen und die restlichen 4 Pfannkuchen als Deckel darüberlegen.

Auf ein gefettetes Backblech geben und gut 5 Min. im vorgeheizten Ofen (E: 200°, G: 3) backen. Sofort servieren und warmen »Kronsbermous« von Seite 54 dazu reichen.

ayren in gelben subem
Eier in gelber Sauce,
eine köstliche Vorspeise für verwöhnte Gaumen, wie sie Philippine Welser liebte

8 Eier (je Person 2)
Wasser zum Kochen
8 EL bittere Orangenmarmelade
6 EL scharfer Senf
4 EL Rotwein
1 kleine Speisezwiebel

Die Eier hart kochen und unter kaltem Wasser gut abschrekken. Die Saucenzutaten miteinander gut verrühren und die feingehackte Zwiebel unterziehen. Bei milder Hitze (E: 50°, G: 1) ca. 10 Min. ziehen lassen. Die Eier schälen, halbieren, auf Tellern anrichten und mit der Sauce übergießen.

Dazu können Sie »steynbrodt« (siehe Seite 69) reichen, von dem jeder ein Stück abbricht und damit die Sauce auftunkt.

geheck von ayren
Eierragout auf Toast
ein Rezept aus dem ersten Kochbuch einer modernen Sprache, dem »Viandier« des Maistrekeu Taillevent.

8 Eier (pro Person 2)
Wasser zum Kochen
4 EL Öl
¼ l Weißwein
1 Zwiebel
1 TL Schmalz
3 EL Sahne
Safran, Salbei, Thymian
4 Scheiben Weißbrot
1 EL Schmalz oder Butter
1 EL mittelscharfer Senf

Die hartgekochten Eier abschrecken, schälen und fein hacken. Öl, Wein und die im Schmalz goldgelb geröstete, gehackte Zwiebel in einen Topf geben, die Eier unterziehen, mit der Sahne binden und bei milder Hitze wärmen. Mit Safran, Salbei und Thymian würzen.

Die vier Weißbrotscheiben in Schmalz oder Butter goldbraun rösten, die Eiersauce mit dem Senf abschmecken und über die heißen Brotscheiben geben. Sofort servieren.

Ayr von kriechen
Griechische Eier
wahrscheinlich ein Phantasiename für ein Gericht, das wir heute als
»Arme Ritter« kennen

8 Scheiben Weißbrot
¼ l Milch
3 Eier
Paniermehl
Zimt, Zucker
50 g Schmalz oder Butter

Die Weißbrotscheiben in Milch weichen, in den zerschlagenen Eiern wenden und panieren. Im heißen Schmalz (Original) oder heißer Butter goldgelb ausbakken. Mit Zucker und Zimt bestreuen und heiß auf den Tisch bringen.

Dazu paßt ein fruchtiger Obstsalat. Oder echt mittelalterlich: »rubenis krautz« – unser heutiges Rübenkraut.

Ayrkuchen mite würzkrute
Omelette mit Kräutern

8 Eier
2 EL »Herbes de Provence« oder ein frisches Kräutersträußchen
1 EL Wasser
1 Gläschen Armagnac (Cognac)
Salz, Pfeffer
20 g Butter

Hinter diesem prosaischen Titel verbirgt sich ein Gedicht in Ei. Ein duftig zartes Gebilde mit allen Aromen, die einen Genießer ins Traumland entführen können.

Die Herbes de Provence im Wasser einweichen und 10 Min. ziehen lassen. Oder die Kräuter ganz fein hacken.

Das Eigelb vom Eiweiß trennen, das Gelb verschlagen und mit den Kräutern, Salz und Pfeffer vermischen. Das Eiweiß steif schlagen und vorsichtig unterheben. Den Armagnac dazugeben. In einer Pfanne mit heißer Butter 4 Omelettes backen. Ist die Unterseite fest und leicht gebräunt, die Oberseite aber noch halbflüssig, klappt man sie zusammen und gibt sie auf eine vorgewärmte Platte.

von mancherley Gemüß

Gemüserezepte

Gemüse – das ist ein Wort, bei dem ich unzählige Farben und Formen sehe, tausend Aromen schmecke. Gemüse ist für mich die Poesie der Küche, wenn auch das Wort selbst wenig poetisch ist, bedeutete es doch ursprünglich: Die zu Mus zerkochte Speise. Und wenn wir den Kochanleitungen des Mittelalters folgen, so erhalten wir immer wieder eins – den Gemüsebrei. Dies verstehen wir, wenn wir die Tafelsitten der Zeit betrachten. Denn da es weder Löffel noch Gabel gab, aß man das Gemüse, indem man Brotbrocken eintauchte und damit »löffelte«.

Diese barbarische Sitte will ich heute nicht mehr aufleben lassen, und so habe ich die Gemüserezepte – bis auf die wirklich einmaligen Rezepte für Rot- und Weißkohl – so verändert, daß sich das Eigenaroma mit zarter Würze voll entfalten kann.

Dabei habe ich aber die alten Rezepte doch soweit erhalten, daß sie originalgetreu schmekken und damit die Gerichte, denen sie als Beilage dienen, zu echter mittelalterlicher Geschmacksfülle aufrunden.

Und vielleicht geht es Ihnen so, wie vielen Freunden, die bei mir das erstemal die Küche des Mittelalters kennenlernten und mit der Auffassung heimgingen, daß Gemüse das beste Fleisch sei.

Ein Koch aus dem Ständebuch des Jost Ammann (ca. 1560)

gebachene zwiffl
Gebackene Zwiebeln
sie schmeckten den Tegernseer Mönchen nicht nur gut, sondern es wurden ihnen auch heilende Kräfte nachgesagt

600 g Zwiebeln
40 g Butter oder Schmalz
1 EL Honig
1/8 l Weißwein
1 Pr. Salz
4 EL saure Sahne
2 EL gehackte Kräuter
oder 1 TL »Herbes de Provence«

Die Zwiebeln schälen und waschen, in gut 1 cm dicke Scheiben schneiden. Das Fett zerlassen, den Honig darin lösen und die Zwiebelscheiben zugeben, kurz anbraten, den Wein zugießen und zugedeckt 20 bis 30 Min. schmoren lassen. Salzen, mit der Sahne binden und mit den Kräutern abschmekken.

gemuos von arbaiß unt rueben
Erbsen-Möhren-Gemüse
wie es von Philippine Welser als Beilage gereicht wurde

250 g Möhren
50 g Butter
1/8 l Brühe
1 Pr. Salz
1 TL Zucker
Thymian, Estragon
250 g junge Erbsen
5 EL saure Sahne
1 EL gehackte Petersilie

Die Möhren schaben und waschen. Junge Möhren (Karotten) werden nur gewaschen und bleiben ganz. Die Möhren werden in dicke Scheiben geschnitten. In der zerlassenen Butter kurz anbraten, die Brühe zugießen und ca. 10 Min. dünsten, Salz, Zucker, Thymian und Estragon zugeben, die Erbsen auffüllen.

Das Gemüse nun noch ca. 15 Min. weiterdünsten. Mit der sauren Sahne binden, die feingewiegte Petersilie darüberstreuen und servieren.

pälgt arbaiß in kreyter
Erbsen in Kräutern gedünstet
eine Spezialität der Kuchenmaister des Mittelalters

500 g junge Erbsen
50 g Butter
evtl. 1/8 l Brühe
1 Pr. Salz
1 EL Honig
je 1 EL gehackter Kerbel,
Petersilie, gehackte Zwiebel
etwas Minze, Thymian
1 Eigelb
5 EL saure Sahne

Die Erbsen in der zerlassenen Butter erhitzen und ca. 5 Min. dünsten. Evtl. die Brühe angießen. Salz und Honig zugeben und die Kräuter vorsichtig unterheben. Weitere 10 Min. dünsten und die Erbsen mit dem verquirlten Eigelb und der Sahne vermischen. Nicht mehr kochen lassen!

muos von pilze
Steinpilzmus mit Wein
Eine delikate Beilage zu Wild und Fleisch

500 g Steinpilze
50 g Butter
¼ l roter Dessertwein (Portwein)
¼ l süße Sahne
1 Pr. Pfeffer
1 TL Mehl

Die Pilze waschen, schnell trocknen, putzen und folgendermaßen zerkleinern: Die Stiele in 3 mm dicke Scheiben quer schneiden. Den Hut senkrecht ebenfalls in 3 mm dicke Scheiben. Wenn Sie wissen, daß die Pilze sauber sind, vergessen Sie ruhig das Waschen. Um so intensiver schmecken die Pilze. In der Butter werden die gehackten Pilze nun gut durchgeschmort. Je eine Hälfte vom Wein und der Sahne zugeben und die Flüssigkeit fast ganz einkochen lassen. Mit Pfeffer würzen, den restlichen Wein und die Sahne zugießen, mit dem Mehl binden und noch einmal kurz aufquellen lassen.

blauwer krautzchol
Rotkohl oder Blaukraut
für 6 Personen

1 Kopf Blaukraut, ca. 2 kg
¼ l Rotwein
4 EL Preiselbeeren
4 EL Johannisbeergelee
1 TL Zimt
1 TL gemahlener Ingwer
4 zerstoßene Nelken
2 Lorbeerblätter
1 EL Zucker
1 Pr. Salz
6 EL Apfelmus
6 EL süße Sahne

Das Blaukraut raspeln und mit dem Rotwein aufkochen und dünsten. Nach 15 Min. Preiselbeeren, Johannisbeergelee und Gewürze unterheben. Noch 45 Min. weitergaren. Apfelmus und Sahne unterziehen und je nach Geschmack noch stärker würzen.

Dazu servieren Sie stilecht die »gesaltzte Semladorttem« von Seite 71.

gelbem ruben
Junge Möhren
nach Art der Philippine Welser

750 g junge Möhren (Karotten)
1 Zwiebel
50 g Schmalz oder Butter
etwas Wasser oder Brühe
1 Pr. Salz, 1 TL Zucker
⅛ l Sahne, Petersilie, Majoran, Pfeffer
20 g Butter

Die jungen Möhren oder besser Karotten nur waschen und ganz mit der feingeschnittenen Zwiebel in einen Topf mit dem zerlassenen Schmalz geben. Mit Zucker und Salz würzen und zugedeckt 5 Min. lang schmoren lassen. Nachsehen, ob sich ausreichend Flüssigkeit gebildet hat. Sie sollte ca. 2 cm hoch im Topf stehen. Gegebenenfalls etwas Wasser oder Brühe angießen und weiterschmoren lassen. Nach 20 Min. die Sahne, Petersilie und Majoran zugeben, mit Pfeffer abschmecken und ohne Deckel unter Schütteln den Saft einkochen lassen. Mit der Butter durchschwenken und servieren.

Rosenkrautz kepfla
Rosenkohl
wie ihn unsere Vorfahren im Mittelalter liebten

1 kg Rosenkohl
50 g Schmalz
Pfeffer, Muskat
1/8 l Sahne, etwas Wasser

Die welken Blätter und Strünke von den Röschen entfernen, die Röschen schnell blanchieren und mit kaltem Wasser abschrecken. Im zerlassenen Schmalz ca. 20 Min. dünsten. Nach 5 Min. nahsehen, ob sich genug Flüssigkeit gebildet hat. Evtl. Wasser angießen. Die Röschen dürfen nicht zu weich werden. Mit Pfeffer und Muskat kräftig würzen und mit Sahne binden. In einer rustikalen Schüssel servieren.

surekrut
Sauerkraut
nach einem Klosterrezept aus dem 14. Jahrhundert

1 kg Sauerkraut (möglichst frisch)
2 Zwiebeln
4 – 5 EL Schmalz
einige Wacholderbeeren
2 EL Honig
3 säuerliche Äpfel
1/8 l Weißwein
Salz, Pfeffer
250 g Schinkenspeck in 4 Scheiben

Die kleingehackten Zwiebeln im Schmalz glasig dünsten. Inzwischen das Sauerkraut mit einer Gabel oder mit der Hand zerrupfen und auf die Zwiebeln legen. Wacholderbeeren zerdrücken und mit dem Honig zum Kraut geben. Den Topf verschließen und bei milder Hitze weiterschmoren. Die Äpfel schälen, in Spalten schneiden undentkernen. Nach 20 Min. nachsehen, ob das Kraut auch nicht angesetzt hat. Äpfel, Wein und etwas Salz zugeben. Den Schinkenspeck auf das Kraut legen, Topf wieder zudecken und das Kraut nochmals 30 Min. schmoren lassen. Mit Pfeffer und vielleicht noch etwas Honig abschmecken und servieren.

mangoldt unnt zwifelror gemues
Mangold und Lauch
ein köstliches Gemüsegericht

500 g Mangold
500 g Lauch (Porree)
1 Zwiebel, 50 g Schmalz
1 Knoblauchzehe
Salz, Pfeffer
Basilikum
1/8 L Sahne

Mangold von den harten Stengelteilen befreien und kurz blanchieren. Abschrecken, abtropfen.

Lauch in zwei fingerbreite Scheiben schneiden, gründlich waschen und abtropfen lassen.

Im zerlassenen Schmalz wird die kleingehackte Zwiebel glasig gedünstet, die zerdrückte Knoblauchzehe dazugegeben und das Gemüse aufgeschüttet. Im zugedeckten Topf 10 Min. garen lassen, salzen, pfeffern, mit Basilikum würzen und mit der Sahne binden. Kurz aufquellen lassen und in einer Schüssel servieren.

Epfi in salse von Vanille
Ein leckerer Nachtisch,
der den Magen schließt
und den Gaumen kitzelt.

ruetschart

Ein Bohneneintopf aus der Tegernseer Klosterküche, der heute in Bayern noch als »Ritschert« bekannt ist

300 g weiße Bohnen (getrocknet)
250 g durchw. Speck
1 l Brühe
150 g Möhren
Bohnenkraut, 2 Knoblauchzehen
Salz, Pfeffer, Oregano
1 Bund Petersilie

Die Bohnen waschen und gut 12 Std. in der Brühe einweichen, in dieser aufsetzen und 1½ Std. gar kochen.

Den durchwachsenen Speck würfeln und auslassen, die klein geschnittenen Möhren darin gut weich dünsten und mit zerdrücktem Knoblauch und dem Bohnenkraut würzen. Die Bohnen aus der Brühe nehmen, durch ein Sieb passieren. Die Möhren ebenfalls. Mit dem ausgelassenen Speck gut vermischen und mit den Gewürzen kräftig abschmekken. Mit der Brühe zu einem dickflüssigen Brei verdünnen. Feingehackte Petersilie aufstreuen und servieren.

muos von pälgt arbaiß

Brei von getrockneten Erbsen eine Beilage, die gut zu Hammelbraten paßt

400 g getrocknete Erbsen
¾ l Brühe
1 Gewürzsträußchen
40 g Schmalz
1 Zwiebel
Salz, Pfeffer

Die Erbsen verlesen, waschen und gut 12 Std. in der Brühe einweichen. Dann setzen Sie die Erbsen in derselben Brühe auf und lassen sie ca. 1½ Std. kochen. Die Erbsen aus der Brühe nehmen, durch ein Sieb passieren, das feingewiegte Gewürzsträußchen zugeben, die Zwiebel klein hacken, im Schmalz glasig dünsten und ebenfalls zum Erbsenbrei geben. Mit Brühe zu einem nicht zu dünnen Brei verschlagen und zu einem nicht zu festen Mus zusammen kochen lassen. Mit Salz und Pfeffer gut abschmecken.

behamisch arbaißen

Böhmich - »heidnische« Erbsen in Schmalz gedünstet

750 g grüne Erbsen
(oder 1 große Dose)
250 g durchw. Speck
3 Zwiebeln
60 g Schweineschmalz
1 Bund Petersilie
2 EL Kerbel
1 TL Honig
Pfeffer, wenig Salz

Den durchwachsenen Speck und die Zwiebeln fein würfeln und im Schmalz solange dünsten, bis die Zwiebeln glasig werden. Sobald die Zwiebeln zu bräunen beginnen, die Erbsen zugeben und gut durcheinandermischen. Die feingewiegte Petersilie, den Kerbel und den Honig nach ca. 5 Min. zugeben. Im bedeckten Topf noch ca. 20 – 25 Min. unter öfterem Schwenken dünsten. Mit Salz und Pfeffer abschmecken und servieren. Aber Vorsicht bei dem Salz, da der Speck zumeist schon gesalzen ist.

Ain guot spis von linsin
Linseneintopf
ein Gericht, das schon in biblischen Zeiten bekannt war

400 g Linsen
¾ l Brühe
1 Bund Suppengrün
2 Zwiebeln
2 Knoblauchzehen
50 g Schmalz
1 – 2 EL Mehl
3 EL Essig
1 Pr. Zucker
1 Pr. Salz, Pfeffer

Die Linsen waschen und in der Brühe gut 12 Stunden weichen lassen, mit dieser aufsetzen und ca. 1½ Std. mit dem Suppengrün zusammen gar kochen. Die kleingeschnittenen Zwiebeln und halbierten Knoblauchzehen im Schmalz andünsten, bis die Zwiebeln sich bräunen. Das Mehl zugeben und leicht bräunen. Eine Hälfte der Linsen durch ein Sieb treiben, mit der Zwiebelsauce vermischen und wieder zu den restlichen Linsen geben. Aufkochen und mit Essig, Zukker, Salz und Pfeffer kräftig abschmecken.

gebassenes mite swinespec
Weißkohl mit Schweinespeck gedünstet

1 Kohlkopf, ca. 1 kg
50 g Schweineschmalz
250 g durchw. Speck, 1 Zwiebel
1 Tasse Fleischbrühe
1 Pr. Muskat
Kümmel, Salz, Pfeffer

Den Kohl raspeln. Den gewürfelten Speck und die ebenfalls gewürfelte Zwiebel im Schmalz auslassen bzw. glasig dünsten. Den Kohl zugeben und mitdünsten. Nachdem der Kohl gut angedünstet ist, wird die Brühe angegossen, der zerstoßene Kümmel, Salz und Muskat zugegeben.

Den Kohl 30 – 40 Min. dünsten und nochmals mit den Gewürzen nach Belieben abschmecken.

von brodt, nudl unnd knödl

Brot, Nudel und Knödel

Bild eines Kochbuchs von 1587

Vielleicht geht es Ihnen – liebe Leserin, lieber Leser – genauso wie mir, wenn Sie dieses Kapitel gelesen haben. Sie fragen sich: Wie konnte ich nur immer so viele Kartoffeln essen? Aber wir wollen die Kartoffel, die ja die Küche des Mittelalters noch gar nicht kannte, denn sie kam erst 1550 nach Europa, nicht abwerten. Sondern wir stellen mit Genugtuung fest, daß es eine Vielzahl anderer Speisen gibt, die die Kartoffel voll ersetzen können. Ja – die uns noch viel besser schmekken können als die selbst meisterhaft zubereitete Kartoffel.

Die Vielfalt der Zubereitungen und Geschmacksrichtungen der Teigwaren, die die Küchenmeister des Mittelalters kannten, muß uns heute faszinieren. Und der Schritt zu Backwaren liegt nah. So wie es in grauer Küchenurzeit erst den Emerbrei (aus einem Vorläufer des Getreides) gab, dann wahrscheinlich den in Wasser gekochten Kloß oder Knödel und die Nudeln – bis eine unserer Ururgroßmütter auf die geniale Idee kam, den Getreidebrei nicht wie üblich ins kochende Wasser zu schütten, sondern auf einen heißen Stein zu streichen und damit den Fladen erfand.

Und da es nichts in der Welt gibt, was so dauerhaft ist wie die Liebe zu den Kochtöpfen unserer Mütter, so haben Klöße, Knödel, Nudeln und Fladenbrote dem Siegeszug der Kartoffel getrotzt. Und noch heute stehen sie – zwar nicht mehr in solcher Vielfalt wie vor Jahrhunderten – in höchster Gunst.

Die folgenden Rezepte kosten zwar etwas Zeit und Mühe – aber es lohnt sich, wenn Sie die Genüsse wiederentdecken wollen, die leider schon lange vergessen waren. Zum Beispiel: »vrisch steynbrodt mit guot gruibensmalz« oder »hirsegrütze«.

in puttern anprenzt probstsemel

Ausgebackene Weißbrotscheiben
im Tegernseer Kloster kamen sie als Beilage auf die Tische der Pröpste und Äbte

8 Scheiben Weißbrot oder helles Weizenmischbrot (2 pro Person)
1/8 l Milch
2 Eier
Salz, Pfeffer
Paniermehl
50 g Butter

Die nicht zu dünn geschnittenen Brotscheiben werden in der Milch kurz geweicht, in den zerschlagenen Eiern gewendet, mit Salz und Pfeffer gewürzt und paniert. Inzwischen wird die Butter in einer Pfanne erhitzt und die Weißbrotscheiben darin knusprig goldbraun ausgebacken.

Diese Beilage schmeckt besonders zu Pasteten und Spießbraten.

gewirztes steynbrodt

Kräftig gewürztes Fladenbrot aus der Backstube des Klosters zu Würzburg, dem Entstehungsort des ältesten deutschsprachigen Kochbuchs

Das Rezept reicht für 5 – 6 kleine Fladen

300 g Roggenmehl
200 g Weizenmehl
125 g Sauerteig (vom Bäcker oder nach dem »steynbrodt«-Rezept)
¼ l lauwarmes Wasser (30°)
1 EL Salz
5 g Thymian
5 g Kümmel
5 g Koriander
1 kl. Zwiebel
1 TL Butter
Mehl zum Bestreuen
Fett für das Backblech

Das Mehl in eine Backschüssel geben, in der Mitte eine Vertiefung eindrücken und den Sauerteig zugeben. Mit dem Sauerteig, etwas Wasser (30°) und ca. einem Drittel des Mehles einen nicht zu festen Vorteig bereiten. Eine halbe Stunde ruhen lassen. Salz, die Gewürze und die kleingeschnittene, in der Butter angebräunte Zwiebel zugeben. Langsam das restliche Wasser zugießen und den Teig kräftig durchkneten, bis er sich von der Schüssel löst. Nun zugedeckt mit einem Tuch an einem warmen Ort bei ca. 30° 2 Std. gehen lassen. Den Teig nochmals energisch durchkneten und in 5 – 6 gleich große Stücke teilen. Runde Ballen formen und mit der Hand zu Fladen flach drücken.

Die Fladen auf das gefettete Backblech legen, mit einer Gabel mehrmals einstechen und mit Mehl bestäuben. Im vorgeheizten Backofen (E: 225°, G: 4) ca. 1 – 1½ Std. backen.

steynbrodt

Ein Fladenbrot

im Mittelalter wurde es fast zu jeder Speise gereicht.

Das Rezept reicht für 10 – 12 kleine Fladen

330 g Weizenmehl Typ 405 o. 550
660 g Roggenmehl
250 g Sauerteig (vom Bäcker oder selbstgemacht, siehe Schluß des Rezeptes)
1 Päckchen Trockenhefe
1½ EL Salz
½ l lauwarmes Wasser
10 g gemahlener Fenchel
10 g gemahlener Koriander
Fett für das Backblech
Mehl zum Bestäuben

In eine Rührschüssel wird das Mehl gesiebt und in die Mitte eine Vertiefung eingedrückt. In die Vertiefung geben Sie den Sauerteig und die in Wasser gelöste Hefe und verrühren diese mit etwas Mehl. Lassen Sie den Vorteig 30 Min. ruhen, salzen Sie ihn und verkneten Sie ihn mit dem restlichen Mehl. Geben Sie nach und nach das Wasser zu, bis der Teig geschmeidig ist. Mengen Sie die Gewürze unter den Teig und lassen Sie ihn bei ca. 30° 2 Std. gehen. Den Teig nochmals energisch durchkneten und 10 – 12 Fladen (etwa 20 cm Durchmesser) formen. Auf ein gefettetes Backblech legen, fein bemehlen und mit einer Gabel mehrmals einstechen. Im vorgeheizten Backofen (E: 225°, G: 4) ca. 1½ Std. ausbacken.

Sollten Sie bei Ihrem Bäcker keinen Sauerteig bekommen, so können Sie ihn wie folgt selber herstellen:
4 Tage vor dem Backen in einem Steinguttopf (keinem Metalltopf) vermengen Sie:

⅛ l lauwarmes Wasser (30°)
125 g Roggenmehl
1 Pr. zerstoßener Kümmel
2 EL Buttermilch

Den Topf zudecken und an einem warmen Ort aufbewahren. Jeden Tag einmal gut umrühren.
Am dritten Tag abends geben Sie hinzu:

⅛ l lauwarmes Wasser (30°)
und soviel Mehl,

bis ein dickflüssiger Teig entsteht. Diesen Teig bei 30° warm stellen.
Am nächsten Tag ist der Sauerteig zur Verarbeitung bereit.

abtsknödl
Serviettenknödel
ein besonders guter Knödel als Beilage

500 g Weizenmehl
30 g Hefe
1 TL Zucker
¼ l lauwarme Milch
2 Eier
30 g Butter
1 TL Salz

Das Mehl in eine Backschüssel sieben, in der Mitte eine Vertiefung eindrücken. Die Hefe zerbröckeln, den Zucker daraufstreuen und mit der lauwarmen Milch übergießen und auflösen. Dann in die Vertiefung geben und mit einer Handvoll Mehl überdecken. Wenn das über die Hefelösung gedeckte Mehl rissig wird, wird die Hefelösung von der Mitte aus mit dem Restmehl verrührt, die Eier, die zerlassene Butter und das Salz zugegeben. Mit dem Rührlöffel solange durchschlagen, bis der Teig Blasen wirft und sich von der Schüssel löst. Sollte der Teig kleben, noch etwas Mehl zugeben.

Den Teig mit einem Tuch zudecken und an einem warmen Ort 1 Stunde aufgehen lassen. Nochmals kräftig durchkneten und einen Kloß formen. Der Kloß wird nun in eine weiße Serviette eingeschlagen. Die Serviette verknoten, einen Kochlöffel unter dem Knoten durchstecken und den Kloß nun in einen Topf mit kochendem Wasser hängen, den Deckel auflegen und in etwa 10 bis 15 Min. gar kochen. Den Kloß aus der Serviette herausnehmen, in gut daumendicke Scheiben schneiden und zu Gerichten mit viel Sauce servieren. Sollte nur wenig Sauce vorhanden sein, so geben Sie am besten braune Butter dazu.

salvan dorttem in smaltz gesotten

Salbeitorte in Schmalz gebacken

da die Kartoffel noch unbekannt war, waren die Köche erfinderisch, wie man sieht

5 Eier
250 g Mehl
250 g gehackte Mandeln
1 TL Salbei
50 g Schmalz
1 Pr. Salz
Schmalz zum Ausfetten

Die Eier gut verschlagen und mit dem Mehl, den Mandeln und dem Teelöffel Salbei zu einem geschmeidigen Teig verkneten. Schmalz zerlassen. Ist der Teig zu trocken, geben Sie noch ein wenig Schmalz zu.

Eine Kastenform mit dem erwärmten Schmalz ausstreichen, den Teig hineinfüllen und im vorgeheizten Backofen (E: 200°, G: 3) 45 Minuten backen. Während der Backzeit mehrmals gut mit dem Schmalz bestreichen. Nach 40 Min. das Salz überstreuen.

Gleich nach dem Herausziehen aus dem Ofen in gut daumendicke Scheiben schneiden und heiß als Beilage servieren.

semladorttem

Semmeltorte

anstelle von Kartoffeln reichte Philippine Welser diese knusprige »Torte«

5 Eier
250 g Paniermehl
250 g gehackte Mandeln
50 g Butter
1 Pr. Salz

Die Eier verschlagen und das Paniermehl unterziehen. Den Teig, der geschmeidig fest sein muß, mit den Mandeln gut verkneten. Die Butter erwärmen, bis sie flüssig ist, und eine Kastenform damit ausstreichen. Den Teig in die Form füllen und im vorgeheizten Backofen (E: 200°, G: 3) ca. 40 – 45 Min. backen. Während der Backzeit des öfteren mit der Butter einstreichen. Zwei Min. vor dem Herausnehmen nochmals einstreichen und mit der Prise Salz bestreuen.

Die »semladorttem« warm in daumendicke Scheiben schneiden und als Beilage zu Braten servieren.

semelknödl

Semmelknödel

ein Rezept, das Ihnen vielleicht ganz neubayrisch vorkommen wird. Doch es kannte schon die Tegernseer Klosterküche des 14. Jahrhunderts

gibt ca. 6 Knödel

500 g Weißbrot oder Knödelbrot
1 Tasse Milch
2 Eier, 1 TL Butter
Muskat, 1 Bund Petersilie
Salzwasser

Das Weißbrot in kleine Würfel schneiden. Semmel- oder Knödelbrot, wie es südlich der Mainlinie angeboten wird, ist schon entsprechend vorgeschnitten.

Das Weißbrot mit der heißen Milch und dem darin gelösten Teelöffel Butter tränken und mit einem Deckel pressen und 15 Min. ziehen lassen.

Die Eier, eine gute Prise Muskat und die feingewiegte Petersilie dazutun und alles gut vermengen. Den Teig ca. 10 Min. stehenlassen.

Knödel formen und in kochend sprudelndem Salzwasser in einen Topf mit großem Durchmesser geben. Die Knödel bei milder Hitze ca. 20 Min. ziehen lassen. Sie sind Ihnen gelungen, wenn sie pflaumweich mit der Gabel zerteilt werden können.

Variation:
1 – 2 Zwiebeln fein hacken, in 2 EL zerlassenem Schmalz anbräunen und mit unter den Teig mengen.

gschmaltzen nudl
Geschmälzte Spätzle
die Mönche im Kloster zu Tegernsee liebten sie besonders an Tagen, an denen kein Fleisch serviert wurde, aber sie sind auch eine köstliche Beilage zum Fleisch

350 g Mehl
4 – 5 Eier
20 g Butter
Salz, Muskatnuß
2 l Wasser
1 EL Salz
kleines Backbrett,
Messer ohne Wellenschliff
50 g Schmalz

Das Mehl in eine Schüssel sieben. Die Eier nacheinander dazugeben und vermengen, bis der Teig zäh ist. Die Butter zerlassen und unterkneten. Salz und eine gute Prise Muskat zugeben und den Teig ca. 30 Min. quellen lassen.

In einem großen Topf setzen Sie inzwischen Salzwasser auf und bringen es zum Kochen. Das Backbrett ins Wasser tauchen, etwas Teig daraufgeben und mit dem Messer feine Teigstreifen ins sprudelnde Wasser schaben. Das Messer dabei immer wieder in kaltes Wasser tauchen. Die Nudeln müssen schwimmen, deshalb schaben Sie immer nur soviel, als gut Platz im Topf haben. Tauchen die Nudeln wieder an der Wasseroberfläche auf, sind sie gar. Mit einer Schaumkelle herausnehmen, unter kaltem Wasser abschrecken und im zerlassenen Schmalz »schmälzen«.

von gebachenes

Backwaren

Angesehene Handwerker und geachtete Künstler waren die Bäcker des Mittelalters. Denn abgesehen vom Brot, das seit dem Mittelalter in fast unveränderter Form gebacken wird – zum Beispiel ist uns das Rezept für Pumpernickel aus dem Jahr 1434 als »eyn swartzbrodt von westphalen« überliefert und Überlieferungen aus dem »Hausbuch der Mendelschen Zwölfbruderstiftung« aus dem Jahr 1509 zeigen, daß auch die Technik des Backens sich seit damals kaum verändert hat – waren die Bäcker des Mittelalters wahre Künstler im Backen von Gebildbroten.

So gab es »herrenprot«, »probstseml«, »Ketzapiren« (Kletzenbrot), »rugkenprod«, »semel«, »pretzen«, »mandlstrüezel«, »smolznudl« und viele andere Brot- undGebäcksorten, die uns zum Teil bis heute überliefert sind.

Und darüber hinaus könnte ich ein ganzes Buch mit der Geschichte der Gebildbrote

Bäuerliches Brotbacken, Holzschnitt-Illustration In Vergils Catalepton, hrsg. von Sebastian Brant. 1502 in Straßburg

des Mittelalters füllen, mit der Geschichte der Spekulatius, Springerle, Pfefferkuchen und so weiter, der mit Holz- oder Eisenmodeln geformten Brote, deren Ursprung schon in vorchristlicher Zeit liegt – mit der Geschichte der Lebkuchen, die von den frommen Klosterbrüdern als Labekuchen für die Armen gebacken wurden. Bereits in den ersten Jahren des 13. Jahrhunderts ist die Zunft der Pfefferküchler in Nürnberg zu einer der angesehensten Gilden geworden. Und noch heute kommen die besten Pfefferkuchen zur Weihnachtszeit aus der Stadt, die im Mittelalter den Beinamen »Des Heiligen Römischen Reichs Deutscher Nation Honiggarten« trug.

Gerade in unserer Zeit, in der immer mehr Hausfrauen das selbstgebackene Brot wiederentdecken, sind die Backanweisungen aus einer Zeit, die wir bisher nur aus Märchen kannten, so aktuell wie nie zuvor. Und sie schenken uns urtümliche, natürliche Genüsse wieder.

rugkenprod

Roggenbrot
wie es die Zunftmeister im Mittelalter buken (denn damals sagte man noch »buken«).
Das Rezept ergibt 2 Laibe

1600 g Roggenmehl Typ 1150
400 g Weizenmehl Typ 1050
80 g Hefe
40 g Salz
750 g Sauerteig (vom Bäcker oder nach dem »steynbrodt«-Rezept s. Seite 69)
ca. 1½ l Wasser (30°)

Das Mehl in eine große Rührschüssel sieben, in der Mitte eine Vertiefung eindrücken und die in lauwarmem Wasser gelöste Hefe und den Sauerteig zugeben. Einen Vorteig mit etwa ¼ des Mehles anmachen und ca. 150 Minuten ruhen lassen. Salzen. Nun nach und nach lauwarmes Wasser zugeben und einen mittelfesten Teig kneten.

Den Teig zugedeckt 120 Minuten ruhen lassen. Rund wirken, halbieren, mit der Schnittfläche nach oben legen und die Laibe ca. 30 cm lang auseinanderziehen.

Auf ein bemehltes Backblech setzen und im vorgeheizten Ofen (E: 200°, G: 3) ca. 90 Min. backen. Beim Einschieben eine Tasse heißes Wasser mit auf das Backblech stellen. Die Brote sind gar, wenn sie beim Anklopfen der Unterseite hohl klingen. Die ausgebackenen Brote mit kaltem Wasser abstreichen.

krennts von prot
Kranzbrot
so richtig nach dem Geschmack der Tegernseer Mönche
Das Rezept reicht für 3 kleine Brote.

600 g Roggenmehl Typ 1150
400 g Weizenmehl Typ 550
60 g Hefe
ca. 600 g Wasser (30°)
Mehl zum Bestäuben

Das Mehl in eine große Rührschüssel sieben und in der Mitte eine Vertiefung eindrücken. Die Hefe in etwas lauwarmem Wasser lösen und in diese Vertiefung geben. Mit etwa ¼ des Mehles einen Vorteig anmachen, nach und nach das Wasser zugießen und einen mittelfesten Teig kneten. Den Teig 40 Minuten zugedeckt an einem warmen Ort ruhen lassen. Den Teig in 3 gleiche Stücke teilen und rund wirken. 20 Min. mit einem Tuch zugedeckt ruhen lassen, dann in der Mitte durchstechen und zu Kränzen mit Innendurchmesser von 10 cm auseinanderziehen.

Die Kränze mit Mehl bestäuben und nach weiteren 5 Min. ringsum einschneiden. Im vorgeheizten Ofen (E: 220°, G: 4), in den beim Aufheizen eine Tasse heißes Wasser gestellt wurde, ca. 20 Min. anbacken. Danach auf E: 200°, G: 3 stellen und noch 40 Min. ausbacken.

Variante:
Um einen würzigeren Geschmack zu bekommen, können Sie dem Teig 2 EL Koriander zugeben.

pumpernickl
Pumpernickel,
wie es seit Jahrhunderten in Westfalen gebacken wird
Rezept für 2 Brote

1500 g Roggenmehl Typ 1750
750 g Sauerteig (vom Bäcker oder nach dem »steynbrodt«-Rezept Seite 69)
ca. 900 g Wasser (30°)
1 EL Salz
150 g Rübenkraut
2 Kastenformen, Fett und Mehl für die Formen
Aluminiumfolie

Mehl in eine Rührschüssel geben, in der Mitte eine Vertiefung eindrücken, den Sauerteig zugeben und mit etwas Mehl einen Vorteig anmachen. Nach gut 5 Minuten den Vorteig mit lauwarmem Wasser (30°) und dem Mehl zu einem mittelfesten Teig verkneten, der nicht mehr an den Händen kleben darf. Den Teig zugedeckt 2½–3 Std. gehen lassen, Salz und Rübenkraut zugeben, nochmals durchkneten und 2 lange Teigstücke auswirken.

Die Teigstücke in die ausgefetteten und bemehlten Kastenformen legen, unter einem feuchten Tuch warm stellen und aufgehen lassen.

Nach 45 Min. die Kastenformen mit der Aluminiumfolie verschließen und im vorgeheizten Backofen (E: 100°, G: ½) ca. 12 Stunden ausbacken. Erstmals nach 10 Std. mit einem Holzspießchen prüfen, ob die Brote gar sind.

ketzapiren
Kletzenbrot
ein Früchtebrot aus der Bäckerei des Klosters zu Tegernsee
Das Rezept reicht für ein Brot

3 Eigelb
125 g Zucker
je 50 g Haselnüsse und Mandeln
400 g Trockenbirnen
150 g Roggenmehl
1 TL Backpulver
1 TL Zimt, 1 Pr. Ingwer
Fett und Mehl für die Form

Eigelbe und Zucker schaumig schlagen. Nüsse und Mandeln grob hacken. Die Birnen in Streifen schneiden. Das Eiweiß schlagen und alles vermengen. Das Backpulver mit dem Mehl mischen und über die Masse sieben, gut verrühren und mit Zimt und Ingwer würzen.

Eine Kastenform ausfetten und bemehlen. Den Teig einfüllen, in den vorgeheizten Backofen (E: 150 – 175°, G: 1 bis 2) schieben und 60–75 Min. abbacken. Abkühlen lassen, in eine Aluminumfolie einwickeln und 2 – 3 Tage durchziehen lassen. In nicht zu dünne Scheiben schneiden. Dick mit Butter bestrichen ist das »ketzapieren« aus Tegernsee ein Genuß.

lebezelte
Lebkuchen,
wie ihn die Nürnberger Pfefferküchler schon Mitte des 14. Jahrhunderts nach geheimen Familienrezepten herstellten.
Das Rezept reicht für ca. 30 Stück

250 g Honig
4 Eier
50 g Zitronat
50 g Orangeat
50 g Sukkade
1 Msp. Hirschhornsalz
1 EL Milch
100 g gehobelte Mandeln
5 g Zimt
5 g Kardamom
je 1 Msp. Ingwer, Nelkenpulver, Muskatblüte
1 Zitronenschale
250 g Mehl
30 runde Oblaten, mit einem Durchmesser von 8–10 cm

Den Honig erhitzen, die Eier aufschlagen und mit dem Honig vermengen. Die feingewürfelten Früchte (Zitronat, Orangeat, Sukkade) unterziehen. Das Hirschhornsalz in der Milch lösen und dazugeben. Mandeln, Gewürze und die geriebene Zitronenschale mit der Masse vermengen. Das Mehl darübersieben und einen Teig ankneten.

Den Teig eßlöffelweise auf den Oblaten verteilen und die »lebzelte« über Nacht stehenlassen. Am nächsten Tag im vorgeheizten Ofen (E: 180°, G: 2 – 2½) 30 Minuten abbacken.

kuchen von Honecseim
Honigkuchen
wie ihn die Pfefferküchler in Nürnberg, des Heiligen Römischen Reiches Deutscher Nation Honiggarten, buken

500 g Honig
500 g Roggenmehl Typ 1150
4 Eigelb
250 g Honig
20 g Honigkuchengewürz
2 TL Hirschhornsalz
500 g Weizenmehl Typ 550

Den Honig aufkochen und das Roggenmehl unterrühren, gut durchkneten, erkalten lassen.

Eigelbe, Honig, Gewürz und das Hirschhornsalz schaumig schlagen. Eventuell etwas erwärmen. Das Weizenmehl unterziehen, alles gut verkneten.

Den Teig gut 1 Std. kühl ruhen lassen und dann ca. 3 cm dick ausrollen. Figuren (Sterne, Herzen, Kreise, Vierecke etc.) ausstechen, auf ein gefettetes Backblech setzen und im vorgeheizten Ofen (E: 200°, G: 3) ca. 25 Min. ausbacken.

Dekorationstips:
Geschälte Mandeln und kandierte Kirschen werden vor dem Backen aufgelegt.

Festtafel bayerischer Patrizier aus der Tischzucht von Hans Sachs (16. Jahrhundert)

von allerley specerey

Von allerlei Süßigkeiten

Die Küchengeheimnisse des Mittelalters liegen jetzt schon fast alle vor Ihnen ausgebreitet, und doch fehlt noch ein Teil, den wir zu Beginn unserer Entdeckungsreise gar nicht in den Kochbüchern unserer Vorfahren vermutet haben: die Süß- und Würzspeisen, die die Küchenmeister des Mittelalters phantasievoll herzustellen verstanden – Desserts, die heute selbst noch den verwöhntesten Gaumen begeistern werden.

Zwar wurden diese Leckereien nicht wie bei uns zum Schluß eines Menüs gereicht, sondern zwischendurch und oft auch als Abrundung einer Tracht (eines Ganges), um den Genuß in seiner ganzen Fülle zur Entfaltung zu bringen.

So beschreibt das Bankettbuch des Messobugio ein Gastmahl zu Ehren des Erzbischofs zu Mailand. Zu diesem Fastenessen mit über 100 Gängen (wieviel Gänge müssen erst Festgelage gehabt haben?) waren 54 Gäste geladen. Ich bin sicher, daß niemand Hunger leiden mußte. Denn der neunte Gang bestand immerhin noch aus 1000 frischen Austern mit Früchten.

Im zwölften Gang speiste der Erzbischof, zum lieblichen Gesang einer himmelblau-gekleideten Jungfrau, Kirschsuppe mit Zucker und Zimt. Und der vorletzte Gang schließlich bestand aus 15 Silberschüsseln, gefüllt mit dem gar köstlichen Torroni – einer Süßspeise, die Italienurlauber auch heute noch in ganz vorzüglicher Güte in Alba finden. Zum Abschluß trug man dann noch, nach einer kräftigen Mandelmilchsuppe, die als Laxativum (Abführmittel) gedacht war, geröstete Nüsse und parfümierte Zahnstocher auf goldenen Tabletts auf.

Wie die Torroni Italiens schon eine jahrhundertealte Geschichte haben, so hat auch unser deutsches Marzipan seine Geburt schon vor über 500 Jahren erlebt. Denn 1404 stoßen wir bereits auf die ersten Hinweise einer Fabrikation dieser süßen Schleckerei, und der Arzt Nostradamus schreibt in seinem »Konfitürenbuch« im Jahr 1552 über die Marzipanherstellung:

Es kan wol sein
das etlich meiner spotten werden
das ich so ein geringe sachen beschreib
welche doch ein jeder Apotheker machen kan.
Solt tu wissen
das ich dies hab gethan
vilmehr deß gmeinen mans
unnd der weipspersonen halber
welche gern newe ding erfaren wollen.
Diese dorttem »Marzapan« genant
unnd dient wol zur Arzney
unnd ist auch gar lieblich zu essen.

Jedoch waren all diese süßen Sachen bis in die Mitte des 17. Jahrhunderts nur für die in Luxus lebenden Adligen und reichen Kaufleute erreichbar, denn Zucker war teuer und wurde daher nicht zuletzt auch nur von Apothekern verkauft, die sich laut Nostradamus auch mit der Marzipan-Herstellung befaßten.

Lassen wir uns nun das Leben von den Schleckereien des Mittelalters versüßen.

mandeldorttem fein
Feine Mandeltörtchen
Philippine Welser überraschte damit ihren geliebten Mann, Erzherzog Ferdinand. Die Menge reicht für 12 Törtchen

250 g Mehl
5 Eier
2 EL Wasser
30 g Schmalz
250 g geriebene Mandeln
125 g Zucker
2 EL Zitronensaft
2 EL Rosenwasser

Das Mehl in eine Rührschüssel sieben. 2 Eier, das Wasser und das zerlassene Schmalz zugeben und einen festen Teig kneten. Durchkneten, bis der Teig trocken ist. Ca. 1 cm dick ausrollen und 12 kleine Törtchen ausstechen. Den Rand etwas hochdrücken.

Aus den restlichen 3 Eiern, den Mandeln, dem Zucker und dem Zitronensaft eine Masse rühren und auf die Teigplatten verteilen. Im vorgeheizten Backofen (E: 200°, G: 3) ca. 1 Std. backen, bis die Kanten knusprig braun sind. Während der Backzeit mit dem Rosenwasser beträufeln.

Die »mandeldorttem fein« schmecken warm und kalt.

epfel in wine
Bratäpfel in Wein gedünstet
sie waren an Frankreichs Höfen beliebt

4 große Boskop
4 EL Johannisbeergelee
20 Sultaninen
10 Mandeln
4 TL Butter
¼ l Weißwein
4 TL Zucker
1 TL Zimt

Die Äpfel nicht schälen, aber gut abreiben, Stiel entfernen und das Kernhaus ausheben, ohne daß der Boden der Äpfel verletzt wird. Johannisbeergelee mit den Sultaninen und den gestiftelten Mandeln vermengen und in die Äpfel füllen. Auf jeden Apfel einen Teelöffel Butter geben.

Den Wein in eine Auflaufform gießen, die Äpfel hineinstellen und im vorgeheizten Backofen (E: 200°, G: 3) solange braten, bis sie einmal aufplatzen (ca. 20 Minuten). Mit Zimtzucker bestreuen und dampfend heiß servieren.

eyn spise von Bire und Epfele
Eine Speise aus Birnen und Äpfeln
Das Urrezept der bayrischen Spezialität Bavesen aus der »Würzburger Pergamenthandschrift«

2 Äpfel
2 Birnen
3 – 4 EL Wasser
Anis, Zimt
8 Weißbrotscheiben
⅛ l Milch
2 Eier
Mehl nach Bedarf
50 g Schmalz oder Butter
Zucker, Zimt

Äpfel und Birnen schälen, entkernen und klein würfeln. Mit dem Wasser zu einem Mus verkochen, das Sie gut mit Anis und Zimt abschmecken.

Das Mus gut fingerdick auf 4 Brotscheiben streichen. Die restlichen Brotscheiben darauflegen und mit etwas Milch beträufeln.

Die Eier aufschlagen, mit Mehl und der restlichen Milch vermengen. In diesem Teig die gefüllten Brote wenden und in einer Pfanne mit erhitztem Schmalz oder Butter ausbakken. Wenn die »spise von Bire und Epfele« goldbraun und

Der xj der do starb der hyeß der Zenner vnd was ein peck

Bäcker am Ofen
Eine frühe Darstellung aus
dem Hausbuch der Mendelschen
Zwölfbruderstiftung Nürnberg

knusprig ist, aus der Pfanne nehmen, mit Zucker und Zimt bestreuen und heiß servieren.

epfi in salse von Vanille

Bratäpfel mit Vanillesauce
danach leckten sich die Gäste der Philippine Welser alle Finger

4 Äpfel (Boskop)
75 g Rosinen
50 g gehackte Mandeln
20 g Butter

Sauce:
½ l Milch
oder je ¼ l Milch und Sahne
1 Vanilleschote
50 g Zucker, 1 Pr. Salz
2 Eigelb
1 TL Speisestärke

Die Äpfel waschen und das Kernhaus so ausstechen, daß der Boden unverletzt bleibt. Mit den Rosinen und Mandeln füllen und eine Butterflocke daraufgeben. Auf ein gefettetes Backblech setzen und im vorgeheizten Backofen (E: 225°, G: 4) ca. 20 Min. braten.

Inzwischen die aufgeschnittene Vanilleschote mit der Milch zum Kochen bringen. Zucker, Salz und Eigelb unterschlagen. Die Speisestärke in etwas Milch lösen und einrühren. Kurz aufkochen lassen. Die Bratäpfel in die Sauce legen und auf den Tisch bringen.

Riz von Kriechen

Griechischer Reis
so wie er uns durch die Würzburger Pergamenthandschrift, dem ältesten deutschsprachigen Kochbuch, überliefert ist

250 g Rundkornreis
1 l Milch
oder ¾ l Milch, ¼ l Sahne
1 Pr. Salz
50 g Schmalz oder Butter
4 – 5 EL Honig
4 EL Zimtzucker

Den Reis in der Milch mit einer Prise Salz zum Kochen bringen. Wenn die Milch zu kochen beginnt, bei schwacher Hitze 10 Minuten quellen lassen. Den Reis aus der Milch herausnehmen. Das Schmalz oder die Butter mit dem Honig in einer Pfanne erhitzen und den Reis nun ca. 10 Min. darin garen.

In eine Schüssel geben, mit der warmen Milch aufgießen und mit Zimtzucker überstreut servieren.

brey von hirß oder hirze-grütze

Hirsebrei

ein Gericht, das uns als köstliche Speise aus Märchen bekannt ist

1 l Milch
1 EL Butter, 3 EL Honig
1 TL Salz
½ Zitronenschale
200 g Hirse (aus dem Reformhaus)
50 g Zucker
1 TL Zimt

Die Milch wird mit der Butter, dem Honig, dem Salz und der gewaschenen, abgeriebenen Zitronenschale aufgekocht. Dann wird die gewaschene Hirse zugegeben; etwa 1 Stunde bei schwacher Hitze quellen lassen.

In einer bunten Keramikschüssel häufen Sie die Hirse auf und bestreuen sie mit dem Zimtzucker. Ein wirklich »märchenhafter« Genuß, der die Herzen höher schlagen läßt.

smolznudl

Schmalznudeln

aus der Tegernseer Klosterküche.

Rezept für ca. 10 Stück

40 g Hefe, 1 TL Zucker
¼ l Milch
500 g Mehl
70 g Butter
50 g Zucker
1 Pr. Salz
2–3 Eier
Fett zum Ausbacken
Zimtzucker zum Bestreuen

Hefe in der lauwarmen Milch lösen und mit 1 TL Zucker vermischen. Das Mehl in eine Backschüssel geben und in der Mitte eine Vertiefung eindrükken. Die Hefe mit der lauwarmen Milch hineingeben und mit der erwärmten Butter, Salz und Zucker zu einem Teig verkneten. Die Eier unterziehen und noch einmal gründlich durchkneten, bis der Teig Blasen wirft und sich von der Schüssel löst. Den Teig zugedeckt an einer warmen Stelle gehen lassen, bis er fast das doppelte Volumen hat. Nochmals durchkneten. Apfelgroße Bällchen von einer Handvoll Teig formen und so ausziehen, daß ein dicker Rand mit einer dünnen Mitte entsteht. Am einfachsten ziehen Sie die Nudeln über Ihrem bemehlten Knie aus. (So macht man das heute noch!) Auf einem Backbrett zugedeckt nochmals gehen lassen und im heißen Fett schwimmend von beiden Seiten knusprig braun ausbacken. Mit Zimtzucker bestreuen und gleich auf den Tisch damit, denn am besten schmecken die »smolznudln« frisch aus der Pfanne.

Hasenörl

Hasenohren

diesmal ganz untierisch aus schmalzgebackenem Hefeteig. Ein Rezept, das ebenfalls aus der Tegernseer Klosterküche stammt

40 g Hefe, 1 TL Zucker
¼ l Milch
500 g Mehl
70 g Butter
75 g Zucker
1 Pr. Salz
2 Eier
Fett zum Ausbacken
Zucker zum Bestreuen

Die Hefe in der lauwarmen Milch mit einem Teelöffel Zukker auflösen. Das Mehl in eine Backschüssel geben und in der Mitte eine Vertiefung eindrükken. Die Hefemilch dazugeben. Nach und nach unter Kneten die erwärmte Butter, die Eier, Salz und Zucker dazugeben. Alles gut durchkneten, bis der Teig sich von der Schüssel löst. Die Schüssel zugedeckt an einen warmen Ort stellen, damit der Teig gehen kann. Wenn er ungefähr das doppelte Volumen hat, wird er ausgerollt. Dann wird der Teig in ca. 10 cm große Rauten geschnitten und muß zugedeckt nochmals gehen.

Nach ca. 10 Min. im heißen Backfett schwimmend von beiden Seiten goldbraun ausbakken und mit Zucker bestreut direkt aus der Pfanne servieren.

von trincken

Was man zum Essen trank

Unsere Vorfahren hatten den Wein von den Römern, den Met und das Bier von den Germanen, und selbst bescherten sie uns »aqua vitae«, das hochlobte und zugleich verdammte Lebenswasser. Ihre Mahlzeiten bestanden zur einen Hälfte aus Fleisch und zur anderen aus Alkohol – so könnte man boshaft über die Menschen des Mittelalters schreiben. Aber es wäre ungerecht, unsere Vorfahren als Fleischfresser und Säufer zu postulieren, denn eigentlich hat sich – wenn wir ganz ehrlich sind – bis heute nicht viel daran geändert. Wer hätte nicht schon einmal davon geträumt, eine ganze Lende zu »fressen« und dazu soviel Wein oder Bier zu trinken, wie man eben mag?

Und wem verdanken wir die hohe Qualität unseres Weines? Oder die Vielfalt unserer Wein-, Obst- und Kornbrände? Die Güte unseres Bieres? Und die Geheimnisse feiner Liköre? Den Lehren und Erkenntnissen des Mittelalters, angefangen »von den Eigenschaften der

Nürnberger Magd mit Bierkannen (Holzschnitt von Jost Ammann)

Dinge« des Mönches Bartholomeo von 1480, betitelt »Von dem Nutz der Ding« und dem geschätzten Agrarbuch des Petrus Crescentius bis zu den Werken des wohl berühmtesten Gelehrten der Zeit, Arnoldus Villanova, der neben vielen medizinischen Schriften, die er als Leibarzt mehrerer Päpste verfaßte, auch ein Weintractat (1478 in deutscher Übersetzung) herausgab. Daneben galt Arnoldus Villanova als Erfinder der Destillation, denn immerhin führte er den Alkohol unter dem Namen Aqua Vitae in der Medizin ein. Doch in den letzten Jahren entdeckte man die erste Beschreibung zur Herstellung von Alkohol im Codex des Magisters Salernus. Diese Anleitung für das Aqua Ardens – einen klaren Branntwein – entstand um 1100. Und noch heute wird nach dieser Rezeptur ein ganz bekannter Branntwein hergestellt.

So wie sich Rezepte über die Jahrhunderte hin nahezu unverändert erhalten haben, so sind uns Sitten und Gebräuche überliefert, die wir heute als selbstverständlich hinnehmen. So war es zum Beispiel im Mittelalter üblich, den Gast mit einem »Willkomm-Trunk« – einem Humpen Bier oder Wein – zu ehren. Ein Brauch, der sich von Deutschland aus über ganz Westeuropa verbreitete.

Dabei legte man ein Stück geröstetes Brot auf den Boden des Trinkgefäßes, und der Gast mußte sowohl das Glas leeren als auch das Brot essen. Aus dieser Sitte, die »tostea« hieß, entstand das heutige Toasten (Zutrinken mit Trinksprüchen). In Verbindung mit einem anderen Brauch, nämlich dem, daß derjenige, der ein Glas geleert hatte, mit dem Antrinken des nächsten beginnen mußte – dieser Brauch sollte vor Giftmischerei schützen – begann die Maßlosigkeit mittelalterlicher Saufgelage. Denn niemand konnte sich beim Zutrinken abseits stellen, da es als große Beleidigung galt, einen Trunk auszuschlagen.

Eigentlich hat sich doch gar nicht soviel geändert? Oder was halten Sie von einem Menschen, der einen angebotenen Trunk ausschlägt?

Eine andere Sitte, die heute in ländlichen Gegenden noch Brauch ist, war der »Weinkauf«. Dabei kamen Verträge, sei es beim Viehkauf, bei Hochzeiten und sogar bei der Anwerbung von Soldaten mit einem Trunk zustande.

Was unsere Vorfahren, die weder Kaffee noch Tee kannten, statt dessen getrunken haben, das sagt Ihnen das folgende Kapitel. Und vielleicht probieren Sie diese Getränke einmal im Freundeskreis aus. Aber mit Vorsicht – denn trotz aller Trinkfestigkeit, lieber Leser, unsere Vorfahren hätten uns lachend unter den Tisch getrunken.

Und natürlich gab es bei unseren Ahnen die Milch. Daß es ein Hauptgetränk war, davon berichtet schon Caesar. Und so wurde dem Gast neben Met auch ein Becher frischer Milch kredenzt. Und beide galten als »Trank der Unsterblichkeit«.

von wine

Der Wein, vergorener Saft der Trauben, ist wohl eines der ältesten Kulturgetränke der Menschen. Schon um 3500 v. Chr. berauschten sich die Ägypter daran, und die Erfindung dieses köstlichen, vielseitigen Getränkes liegt noch Jahrhunderte weiter zurück. Von den Römern nach Deutschland gebracht, entwickelte sich hier im Mittelalter unter dem Einfluß der Kirche ein intensiver Anbau. Die Anbaugebiete erstreckten sich dabei nicht nur über die uns heute bekannten Lagen, sondern Wein wurde eigentlich in ganz Deutschland angebaut. An der Ostsee genauso wie in München.

Der Geschmack vieler Sorten würde uns heute den Gaumen zusammenziehen. Jedoch würde ich Ihnen gern einige Weine kredenzen, die im »Loblichen Tractat von beraytung und brauchung des wein« beschrieben sind und die sicher auch Ihren Geschmack treffen werden.

Den »Wein, der den gantzen leyb sterckt« zum Beispiel. Oder den »Wein, darin gold geleschet ist«. Und für gestandene Alkoholgegner den »Wein, der gewässert ist unt vast gesund«.

Aber nicht nur die Weine aus Deutschland wurden gerühmt und von unseren Vorfahren recht kräftig getrunken. Auch so berühmte Lagen wie Châteauneuf du Pape wurden besonders von den geistlichen Herren so geliebt, daß sich Petrarca bei Papst Urban V. um 1365 beklagte, die Weine Frankreichs seien im Vatikan rarer als Weihwasser.

Wenn wir heute zu einem mittelalterlichen Mahl Wein trinken wollen, sollten wir ihn ganz nach unserem persönlichen Geschmack auswählen. Wenn Sie sich bei der Wahl des richtigen Weines nicht ganz sicher sind, dann soll Ihnen der folgende Wein-Ratgeber eine kleine Hilfe sein. Grundsätzlich gilt aber immer eine Regel:

Weißer Wein zu hellem Fleisch,
roter Wein zu dunklem Fleisch.

Lagen	Farbe	Temp.	Servieren zu
Rheingau Rheinhessen Rheinpflaz	weiß	9–10°	Geflügel, Kalbfleisch, Eierspeisen
Mosel	weiß	8–9°	Fisch, Pasteten
Saar	weiß	8°	Fischpasteten
Franken	weiß	8–9°	Suppen, Fisch
Bordeaux Château-Lagen	rot	18°	Zunge, Wildgeflügel
Bordeaux	weiß	10°	Krebse, Hummer, Fisch, Pasteten
Burgunder	rot	16–18°	Wild, Lamm, Hammel
Burgunder	weiß	9–10°	Fisch, Geflügel

Ich selbst bevorzuge gute, seltene – nicht gerade oft billige – Bauernweine, die die Winzer an sich zum Eigenbedarf herstellen. Sie entsprechen dem, was man von einem guten Tischwein verlangt, und sie lassen sich auch in größeren Mengen trinken ohne am nächsten Tag den Kopf zum Rathaus zu machen.

Zu guter Letzt möchte ich noch auf einen schönen alten Brauch hinweisen, der leider nur noch in einigen Weinbaugebieten erhalten ist, der aber im Mittelalter einer der Höhepunkte des Jahres war.

Die Probe des neuen Weines. Sie fand am Martinstag, dem 11. November eines Jahres statt und wurde feierlich vollzogen. Oft im Rahmen eines großen Winzerfestes, bei dem das Hauptgericht des Essens aus einer knusprig gebratenen Gans bestand – etwa aus einem »gentzpratem met blauwem krautzchol« wie Sie ihn auf Seite 36 finden.

Kellermaisterey.
Brüderlicher bericht / wie man alle Wein / Teutscher vñ Welscher landen vor allen zufällen bewaren / die Bresthafften widerbringen Medt / Bier / Essig / Kreuterwein / vñ all andre getränck machen sol. Das die natürlich / vñ allen menschen vñ schedlich zutrincken sind / Gezogen auß den fürne mesten Büchern natürlicher Künsten / mit solsche Stucken bewert / dergleichen im trunck vorhin nie außgangen. Im jar 1536.

Titelbild der »Kellermaisterey« (1536)

von pihr

Schon im frühen Mittelalter war Bier in Deutschland Volksgetränk Nummer 1. Und diesen Platz hat es ja bis heute behauptet. Jedoch kam es damals noch nicht aus Brauereien, sondern wurde selbstgebraut, so daß eigentlich jede Familie ihr eigener Brauer war. Erst unter der Herrschaft der Karolinger wurde das Braurecht und mit ihm der Brauzwang vorzugsweise an Kirchen und Klöster verliehen. Die ältesten Unterlagen über die Verleihung des »grutrechtes« finden wir in Lüttich. Hier hat Otto II. der Kirche im Jahr 947 die Brauereigerechtigkeit verliehen.

Das älteste Braurecht in Deutschland wurde im Jahr 1143 dem bei Freising gelegenen Kloster Weihenstephan verliehen. Heute ist diese erste deutsche Brauerei nicht nur die immersprudelnde Quelle eines köstlichen Bieres, sondern auch eine in aller Welt bekannte Schule für das Brauwesen.

Gerühmt für ihr Bier wurden im Mittelalter die Städte Einbeck: hierher kommt ja auch noch heute der berühmte Bock, von dem viele sagen, sein Name sei auf die alte Endsilbe des Städtenamens zurückzuführen – nämlich »pöck« und Braunschweig, dessen Mumme, ein dunkles, niedrig vergorenes Weizenbier ohne Hopfen, nach ganz Deutschland verkauft wurde.

Und wo waren da die berühmten Münchner Biere? Oder die Dortmunder? Ja – liebe Trinkkumpane – die gab es noch nicht. Leider. Denn erst mit der Erfindung der untergärigen Brauweise um 1500 kamen die heute so beliebten Biersorten auf den Markt. Und erst das 1516 von Herzog Wilhelm IV., der von München aus das vereinigte Ober- und Niederbayern regierte, erlassene Reinheitsgebot wurde zur Grundlage unserer heutigen Biere. Dieses wohl weltberühmte Gesetz, eines der ältesten und konsequentesten Lebensmittelgesetze der Welt, nach dem Bier nur aus reinen Naturprodukten, aus Hopfen, Malz und Wasser gebraut werden darf, ist zugleich die Säule, auf der sich die weltweite Anerkennung des deutschen Bieres gründet.

Doch hatte dieses uralte Gesetz sogar schon einen Vorläufer, denn der Vater von Herzog Wilhelm hatte schon 1487 einen Bierpreis für München festlegen lassen und den Brauereien den Eid abgenommen, daß sie zum Brauen nur Gerste, Hopfen und Wasser verwenden.

Der Bierbreuwer.

Auß Gersten sied ich gutes Bier /
Feißt und Süß / auch bitter monier /
In ein Breuwkessel weit und groß /
Darein ich denn den Hopffen stoß /
Laß den in Brennten külen baß /
Damit füll ich darnach die Faß
Wol gebunden und wol gebicht /
Denn giert er und ist zugericht.

Der Bierbrauer

Wie nun aber schmeckte dann das Bier im Mittelalter? Da bis ins späte 14. Jahrhundert die obergärige Brauart bekannt war, können wir annehmen, daß es ähnlich unseren obergärigen Sorten geschmeckt haben mag. Herb wie das Altbier aus Düsseldorf, oder frisch wie ein Weißbier aus Bayern. Und die im 15. Jahrhundert entstandenen untergärigen Sorten waren sicher dem bayrischen Bier, dem dunklen oder hellen Lagerbier, sehr ähnlich – oder als Bock- oder Starkbiere den bayrischen -atoren (Starkbieren, deren Name auf die Silbe -ator endet).

Das Bier des Mittelalters wurde mit und ohne Hopfen gebraut und oft mit Würzstoffen – wie Grut, Wachholder – aromatisiert. Und es gab besondere Biersorten, die als wirkungsvolle Medizin gelobt wurden. So das Farnkrautbier gegen Krankheiten an Galle und Leber, das Wacholderbier gegen die Gicht oder das Lavendelbier gegen Epilepsie und Schlaganfall.

Wenn wir heute zum Mahl im Stil des Mittelalters ein nahezu stilgerechtes Bier trinken wollen, so empfehlen sich folgende Sorten:

Obergärige Biere herber Brauart
wie
Düsseldorfer Altbiere,
Bamberger Rauchbier,
Bergische Altbiere und
Kölsch, das Kölner Bier.

Obergärige Biere frischer Brauart
wie Weiß- oder Weizenbier mit
Hefe aus Bayern und
Berliner Weißbier (ohne Schuß natürlich).

Untergärige Biere mit normaler Stammwürze
wie das dunkle Lager- oder
Exportbier aus Bayern,
das Braunbier aus Augsburg,
Rotbier aus Nürnberg oder
die hellen Sorten vom bayerischen Lagerbier
und nicht zu vergessen
die Biere aus den Biermetropolen im Norden unseres Vaterlandes.

Untergärige Biere mit hoher Stammwürze
wie das Einbecker Bockbier
oder
die bayrischen Starkbiere aus
der Familie der -atoren.

Aber wir sollten das Bier nicht ganz so bierernst nehmen und einfach das trinken, was uns am besten schmeckt.

Ein kühles Helles – frisch vom Faß. Das bekommen Sie heute mit 20 l Inhalt bei jeder Brauerei. Bei vielen sogar noch als Holzfaß. Natürlich mit allem, was dazugehört – wie Zapfhahn etc. Und natürlich können Sie Ihr Bier auch aus der Flasche »zapfen«.

von meth

Herb erfrischend, berauschend süß oder schwer wie ein alter Sherry so präsentiert sich uns heute ein Getränk, dessen Rauschwirkung die alten Germanen als Übergang göttlicher Kraft in den menschlichen Körper priesen. Und es mag wohl angehen, daß dieser Trank eines der ältesten alkoholischen Getränke ist, die wir kennen und an dem sich schon die Völker der Indogermanen vor ihrer großen Wanderung von Indien nach Europa labten, besteht doch eine enge Verbindung zwischen dem Wort Met und dem indischen Wort medhu, was soviel bedeutet wie Honig, süß.

Die Griechen schon nannten Met Göttertrank Nektar und genossen ihn als Festgetränk,

Medizin und Schlaftrunk. Die Germanen tranken immer noch eins – ein Met, denn es war ihr Leib-, Magen-, Haus- und Hofgetränk. Und bis ins Mittelalter hinein wurde dieses köstliche Getränk in hohen Ehren gehalten. Besonders berühmt war dabei das Passauer Met, welches von der Zunft der Metsieder gebraut wurde, deren Nachfahren auch heute wieder Met brauen. Gegen Ende des 14. Jahrhunderts wurden hier schon mehrere Tonnen Honig verarbeitet und mehrere hundert Hektoliter köstliches Passauer Met gebraut.

Aber nicht nur als Gaumenletze war der Met in aller Munde, die Medizin jener Zeit kennt ihn unter dem Namen Hydromel und empfiehlt ihn gegen Schwindsucht, »warmen Magen« und allerlei andere Zipperlein, die die Menschen seinerzeit plagten.

Denn alles, was früher in die Metherstellung hineingeheimnist worden ist – zum Beispiel, daß der Honig nur von jungen Wildbienen stammen dürfe, daß man zum Ansetzen nur Regenwasser nehmen dürfe –, sind Märchen, die nicht der Wirklichkeit entsprechen. Die Metherstellung ist relativ einfach, wie unser folgendes Rezept beweist.

Im Mittelalter verlor dieser kräftige Honigwein jedoch viel von seiner alten Bedeutung, und das gerade erfundene Bier der untergärigen Brauart wurde langsam zum Hauptgetränk bei den Mahlzeiten. Die Metherstellung schlief in den folgenden Jahrhunderten in Deutschland fast ganz ein. Nur in den skandinavischen Ländern, in Polen und Rußland wurde dieser uralte Trank nach überlieferten Rezepten weiter hergestellt.

Heute jedoch können wir Met wieder freudig trinken, denn einige kluge Imker, besonders in Süddeutschland, haben ihn wiederentdeckt und stellen ihn zu unserer Freude wieder her. Sollten Sie jedoch in Ihrer Heimatstadt keine Möglichkeit haben, Met zu kaufen, so schreiben Sie einfach an den Verlag. Wir helfen Ihnen gerne weiter, damit Ihr mittelalterliches Festmahl ein echter Erfolg wird. Und wenn Sie etwas Mühe nicht scheuen, können Sie Ihren Met sogar selbst brauen:

Meth
Honigwein
wie die Würzburger Mönche
ihn liebten

Geräte:
1 Ballonflasche
(am besten mit 25 l Inhalt)
1 Gärrohr mit Verschlußkorken
sauber gespülte Flaschen und Korken zum Abfüllen, die zuvor sterilisiert, das heißt, keimfrei gemacht werden

Zutaten:
Angaben auf je 1 l bezogen
1 kg Honig nach Ihrer Wahl
1,5 l Wasser
evtl. zerstoßene Nelken, Ingwerpulver oder Anispulver zum Würzen
100 g Reinzuchthefe
(Weinhefe aus der Drogerie)

Den Honig mit dem Wasser in einem Topf gut vermischen und zusammen unter öfterem Umrühren aufkochen. Eventuell mit Nelkenpulver, Ingwerpulver oder Anis leicht würzen. Den Schaum mit einer Schaumkelle entfernen und die Flüssigkeit abkühlen lassen.

Einen kleinen Teil der Flüssigkeit abnehmen, solange sie noch lauwarm ist, die Hefe hineinbröckeln und auflösen.

Die abgekühlte Flüssigkeit in den Ballon füllen, die Hefelösung dazugießen und die Flasche mit dem Gärrohr verschließen. Den Ballon warm stellen und ruhig aufbewahren, damit der Gärvorgang vonstatten gehen kann. Nach 2 – 3 Tagen bilden sich Blasen im Gärrohr. Das ist das Zeichen dafür, daß der Gärvorgang stattfindet. Dieser dauert je nach Menge 8 – 12 Tage. Er ist vorüber, wenn sich keine Blasen mehr im Gärrohr bilden.

Dann wird der Met auf Flaschen gezogen und mit einem sauberen Korken verschlossen.

Met kühl gestellt im Keller wie Wein lagern. Je älter er wird, desto besser wird er. Ich selbst habe vor kurzem einen 6 Jahre alten Met getrunken, der vielen alten Sherries Konkurrenz machen kann. Aber da Met zum mittelalterlichen Essen besonders gut schmeckt und auch schön süffig ist, wird es selten vorkommen, daß er solange liegen bleibt.

Ganz gleich, welche Honigsorte Sie zur Metherstellung nehmen, ob Lindenblüten-, Obstblüten-, Heide-, Tannen- oder Imkerhonig, Sie werden sicher nach der ersten Probe dieses Trankes einem mittelalterlichen Dichter zustimmen, der da sagte:

»mete unt win sint beide gut /
Vür sorge, durst und armut.«

Weinbereitung aus »Von dem nutz der Ding« (1518)

von fein trunk

Aber nicht nur Bier, Wein und Met waren Getränke, an denen sich unsere Ahnen labten. Sie verstanden es, da sie weder Tee noch Kaffee kannten, hervorragend andere Getränke herzustellen. Warme und kalte. Und uns interessieren jetzt besonders die kalten. So zum Beispiel die Vorläufer unserer heutigen Bowlen, von denen die Maibowle in einem alten Kräuterbuch besungen wird.

»Im Mayen, wann daz Kräutelyn frisch ist unt blühet, pflegen es viel Leut in den Wein zu legen und darüber zu trincken. Sol auch daz Herze stercken und erfreun.«

Die Rezepte, die wir jedoch finden, reizen heute kaum zum Nachmachen und würden uns wohl nicht munden. Um Ihnen aber hier doch ein ausgefallenes Geheimrezept zu bieten, habe ich mir erlaubt, ein altes Rezept mit einigen Kunstgriffen so zu verwandeln, daß die Bowle Ihnen sicher Anerkennung einbringen wird.

Mayenwine

Maibowle
mit Waldmeister
für ca. 6 Personen

1 l leichter Weißwein
250 g feiner Zucker
2 Bund Waldmeister
2 l leichter Weißwein
½ l leichter Rotwein

Den Liter Weißwein in eine Bowlenschüssel geben, den Zucker zufügen und beides mit einem Löffel solange durchrühren, bis der Wein wieder klar ist und der Zucker sich ganz aufgelöst hat. Die sauber gewaschenen Bündel Waldmeister nun an einem Faden in die Flüssigkeit tauchen, so daß die Stiele nicht mit eingetaucht sind. Nach etwa einer halben Stunde hat der Wein das Aroma der Maikräuter aufgenommen, die Bündel werden herausgenommen und der restliche Weißwein sowie der Rotwein werden zugesetzt. Die Bowle kann kalt gestellt werden – oder sofort auf die schon durstigen Gaumen kommen.

Aber da ja nicht das ganze Jahr aus dem Monat Mai besteht, und unsere Ahnen ja auch in den übrigen elf Monaten Durst hatten, stellten sie natürlich noch andere Köstlichkeiten zur Gaumenletze her. Köstlichkeiten wie Beeren- und Apfelwein. Getränke, die wir auch heute noch lieben und gern trinken.

Von Tisch und Zucht

Herrschaftliche Tafel aus dem Inkunabeldruck Tischzucht (1492)

Damit Sie die Genüsse der mittelalterlichen Küche so richtig genießen können – allein oder mit Freunden –, möchte ich Ihnen im folgenden Kapitel einige Regeln und Vorschläge für eine Tafel im Stil des Mittelalters nahebringen. Und mit einigen Bezugsquellen-Hinweisen und Tips, wo Sie heute ganz im Stil des Mittelalters essen gehen und die Freude am Schlemmen nach Vorväter-Sitte vergrößern können.

Probieren Sie einmal aus, wieviel Spaß es macht, mit den Fingern zu essen, so wie es die Alten taten. Also legen Sie zu jedem Teller nur ein scharfes Messer, zum Zerteilen und Aufspießen. Bitten Sie Ihre Gäste zur Handwäsche. Vielleicht mit einem hölzernen Zuber?

Dann nehmen Sie Platz und befolgen die Regeln der Tischzucht:

I las dir ain tuchen umknoten
von ain weipsperson,
frawe oder magde
II nim daz meser in ain hand
und in di ander hand
nim von brodt
III las guet und vil essen vortragen
und iß
IV las ein klein stuk von essen am bredt
armen zu geben
V hast du vergessen armen zu geben,
kus ain magd an hals sogleich
VI wan dir schmecket, las hören
ain rulpsen und forzen

Wenn Sie insbesondere die letzten Punkte nicht befolgen möchten, so glaube ich doch, daß es dem Genuß keinen Abbruch tun wird.

So begrüßte man seine Gäste vor 500 Jahren:

Nim brodt unnd saltz zu Händ
so hat guth essen nit eyn end.
Unt nim gueten muets dis essen ein
so wird sol lobs dein reden sein.

(Eigentlich ist es ein Brauch, der uns auch heute noch gut anstehen würde.)

Der Gastgeber reichte seinem Gast ein Trinkhorn oder einen Humpen mit Met. Dazu gab es Steinbrot-Fladen mit Griebenschmalz und Salz.

Mit diesem Brauch eröffnete man auch das Essen.

Unsere nachfolgenden Menü-Vorschläge bestehen aus sieben bis acht Gängen. Eine Menge, die wir heute gerade noch vertragen können, die sich aber bescheiden ausnimmt gegen den tatsächlichen Umfang der Bankette, die 15, 20 und mehr Gänge hatten. Um sowohl bei einem normalen Menü-Vorschlag als auch bei dem ebenfalls vorgestellten Fest-Bankett mithalten zu können, sollten Sie sich Ihren hoffentlich großen Appetit klug einteilen.

Und nun habe ich Ihnen lange genug das Wasser im Mund zusammenlaufen lassen. Hier sind die Menü-Vorschläge:

Menü 1

I	met trunk in horn oder kruche ſerviret	Met-Honigwein im Trinkhorn oder Krug
II	ſteynbrodt mite vil guet gruibenſchmaltz	Steinbrot-Fladen mit Griebenschmalz
III	hecht-krepfla in gelber ſalſe	Hechtklößchen in Sauce
IV	ſuben von Lombardey	Lombardische Suppe
V	kaponen-baſtettem mite pflumenmuos	Kapaunenpastete mit Pflaumensauce
VI	rindfleyſch von rippen met wildbrett von ayr und roſenkrautz kepfla	Hochrippe in Kruste mit ausgebackenen Eierteigstäbchen und Rosenkohl
VII	kas von geberge	Alter Gebirgskäse
VIII	mandeldorttem fein	Feine Mandeltorte

Menü 2

I	met trunk in horn oder kruche ſerviret	Met-Honigwein im Trinkhorn oder Krug
II	ſteynbrodt mite vil guet gruibenſchmaltz	Steinbrot-Fladen mit Grieben-schmalz
III	ruchfleyſch unt krenn	Bündnerfleisch mit Meerrettich
IV	ſuben mite hennerfleyſch	Hühnersuppe
V	kalvbaſtettem mit ribislmeruos	Kalbfleischpastete mit Johannisbeersauce
VI	ſchlegl von reh oder kirſchen	Reh- oder Hirschekeule
VII	darzu guet ſemladorttem	mit Semmeltorte
	und roſenkrautz kepfla	und Rosenkohl
VIII	kas von geberge	Alter Gebirgskäse
IX	epfi in ſalſe von Vanille	Schmoräpfel in Vanille-Sauce

Menü 3

I	met trunk in horn oder kruche ſerviret	Met-Honigwein im Trinkhorn oder Krug
II	ſteynbrodt mite vil guet gruibenſchmaltz	Steinbrot-Fladen mit Grieben-schmalz
III	heideniſche kuchen	böhmische Fleischpastete
IV	kernlaſuben	Sagosuppe
V	Viſch baſtettem mit wirtzkreyter	würzige Fischpastete
VI	gentzpratem mit blauwem krautzchol und ſemladorttem	Gefüllte Gans mit Blaukraut (Rotkohl) und Semmeltorte
VII	kas von geberge	Alter Gebirgskäse
VIII	epfel in wine	In Wein gedünstete Äpfel

Menü 4

I	met trunk in horn oder kruche ſerviret	Met-Honigwein im Trinkhorn oder Krug
II	ſteynbrodt mite vil guet gruibenſchmaltz	Steinbrot-Fladen mit Grieben-schmalz
III	ayren in gelbem ſuben	Eier in gelber Sauce
IV	hecht von flus in ſuben	Flußhecht-Suppe
V	baſtettem von wildbrett mite weikſelenmuos	Wildpastete mit Weichselkirschen Sauce
VI	haml mit kruſttem von ſpis	Hammel vom Spieß
	darzu ſemladorttem	dazu Semmeltorte
	und pälgt arbaiß mite kreyter	und Erbsen in Kräutern
VII	kas von geberge	Alter Gebirgskäse
VIII	epfi in ſchmaltz geſotten	In Schmalz gebackene Äpfel

Menü 5

I	met trunk in horn oder kruche serviret	Met-Honigwein im Trinkhorn oder Krug
II	steynbrodt mite vil guet gruibenschmaltz	Steinbrot-Fladen mit Griebenschmalz
III	schniden von trueschen	Fischfilet in Kräutersauce
IV	fleysch in wirtzkreyter gesoten	würzige Fleischsuppe mit Kräutern
V	ain fein Oxenzungenbastettem	feine Ochsenzungen-Pastete
VI	spanferchel pratem	Spanferkelbraten
	met vil guot semladorttem	mit Semmeltorte
	senaf und surkrut	Senf und Sauerkraut
VII	kas von geberge	Alter Gebirgskäse
VIII	salvandorttem	Salbeitorte

Fürstliche Tafel mit Musik

Fürstliche Tafel mit Musik

I	met trunk in kruche ſerviret	Met-Honigwein im Krug
II	ſteynbrodt mit gruiben in ſmaltz	Steinbrot-Fladen mit Grieben-schmalz
III	praun bihr	ein kühles Braunbier (oder ein helles)
IV	ruchfleyſch mit krenn	Bündnerfleisch mit Meerrettich
V	kornbrant von lőffel zu drinken	ein Klarer zum Nachspülen
	ietzo ſnupf ain ſchneutzprieslein	und eine Prise Schnupf-tabak
VI	gefilte wachtl mite wildbrett von ayr	gefüllte Wachteln auf Eierteig-stäbchen
	las die ain hendtűchlein gebn	laß Dir eine Serviette geben
VII	ſaibling von maistrekeu	Salm auf die Art eines un-bekannten Meisterkochs
VIII	epfelinbrant,	Apfelschnitz in Calvados,
	item adam unt ėva genannt	Adam und Eva genannt
	ietzo las dich kurtzweilen	und zur Zerstreuung
	mite ſingn und ſpiln	Gesang und Musik
IX	gemues von mangoldt und zwiſelror	Mangold – Lauch-Gemüse
X	baſtettem von Hiſpania	feine Pastete nach spanischer Art
XI	obezbrannt mite queckolterber	Obstler mit Wacholderbeere
XII	geheck von ayren	feines Eierragout

XIII wine in horn ſerviret	Wein im Trinkhorn
XIV kas von geberge	Alter Gebirgskäse
XV mandeldorttem und epfi in wine	Mandeltorte und in Wein gedünstete Äpfel
ietzo las dir zur naht winſchen	Und nun »Gute Nacht«.

Register

Hier können Sie mittelalterlich essen.

Wenn Sie sich, Ihrer Familie und Ihren Freunden einmal ein ganz besonderes Vergnügen bereiten wollen, dann sollten Sie in diesen Restaurants einmal im Stil des Mittelalters essen.

Und wir sagen Ihnen gern, wo Sie mittelalterliche Spezialitäten bekommen.

Wenn Sie daheim Gäste mit mittelalterlichen Genüssen verwöhnen wollen, helfen wir Ihnen gern beim Einkauf von Meth, stilechten Kuhhörnern zum Trinken, Apfelbrannt und so weiter.
Schreiben Sie einfach an den Verlag. Wir freuen uns, wenn wir Ihnen weiterhelfen können.

In Augsburg
Welser Kuche
Kuchemaystrey
Im Stiermannhaus
Maximilianstraße 88
Telefon 0821/25030
Die Welser Kuche ist immer auf 1 bis 2 Wochen im voraus ausgebucht, daher ist eine frühzeitige Anmeldung unbedingt erforderlich.

In Lübeck
Das Schabbelhaus zu Lübeck
Mengstraße 48–52
Telefon 0451/72011
Hier essen Sie ganz wie die Lübecker Hanseaten des Mittelalters in einem der schönsten Lübecker Kaufmannshäuser.

Im Miltenberg
Gasthaus zum Riesen
Hauptstraße 97
Telefon 09371/2582
Das Romantik-Menü in diesem Gasthaus, das erstmals im 12. Jahrhundert erwähnt ist und somit zu den ältesten zählt, die wir in Deutschland kennen, ist eine Sünde wert. Vorbestellung ist angebracht.

In Neckargemünd
Zum Ritter
Neckarstraße 40
Telefon 06223/1322
In diesem historischen Gasthof wird das Essen ganz mittel-

alterlich zelebriert. Mit Lautenspiel und Minnegesang. Telefonische Vorbestellung unbedingt notwendig, da nur für angemeldete Gäste gekocht wird.

In Haßmersheim Burg Guttenberg Burgschenke
Neckarmühlbach
Telefon 06266/228
Auf einer mittelalterlichen Burg wird vom Mundschenk des Burgherrn ein Menü geboten, das einen Ausflug lohnt. Platzreservierung unbedingt notwendig.

Bei Schaffhausen Schloßtaverne Herblingen
Schaffhausen am Rheinfall
Telefon 004153/33515
Die Schloßtaverne bietet Küche der Kuchemaystrey des Mittelalters. In historischer Umgebung. Platzreservierung ist unbedingt notwendig.

In Zürich Taverne 1515
im Nova-Park-Hotel Zürich
Telefon 542221
Im neuen Nova-Park-Komplex ein Restaurant, das Liebhaber der urtümlichen Küche des Mittelalters begeistern wird. Hier essen Sie echt mittelalterliche Spezialitäten. Platzreservierung notwendig.

Heimerans Kochbücher

reich bebildert in handlichem Format

Kochbuch für den Mann
von Edda Meyer-Berkhout

Ein Kochbuch für all die liebenswerten, oft etwas hilflosen Männer, die sich in der Küche betätigen wollen.

Leicht essen, gesund leben
Schlankheitskost für Feinschmecker
von Isolde Bräckle und Brigitte Karch

Abwechslungsreiche und ansprechende Rezepte machen dieses Buch zu einem Ratgeber für Schlankheitskost von Feinschmeckern.

Tellergerichte
für Familie und Gäste
Redaktionelle Betreuung durch Isolde Bräckle

Dieses Buch zeigt, daß Liebhaber guten Essens auch dann etwas schmackhaftes auf den Tisch bringen können, wenn die Zeit einmal knapp ist. Vollständige Mahlzeiten serviert auf einen Teller.

Knuspriges Brot aus dem eigenen Ofen
von Bäckermeister W. Fahrenkamp und Hans J. Fahrenkamp

Mit diesem Buch sind knusprige, frisch duftende Brote aus dem eigenen Ofen keine Geheimwissenschaft mehr. Sie finden Rezepte für ca. 130 verschiedene internationale Brotspezialitäten.

Die Mittelmeerküche
von Grete Willinsky

In 400 Rezepten finden Sie die typische Eigenart der Küchen um das Mittelmeer von Gibraltar bis zum Bosporus, von Venetien bis zu den Inseln der Ägäis, von Sizilien bis Nordafrika.

Mit Freude backen
von Gabriele Mährlein und Max Gerresheim

Der Leser findet hier eine Sammlung variationsfähiger Grundrezepte zu den verschiedenen Teigarten: Hefeteig, Biskuit, Blätterteig, Mürbteig, Brandteig; dazu viele Rezepte für Kuchen, Torten, süßes und salziges Gebäck.

Das praktische Tiefkühlbuch
von Edda Meyer-Berkhout und Isolde Bräckle

Auf dem neuesten Stand internationaler Erkenntnisse berücksichtigt dieses Buch sowohl alle Methoden des Gefrierens im eigenen Haushalt als auch die Verwendung des reichhaltigen Sortiments von Tiefkühlkost, das heute auf dem Markt ist.

Gerichte aus dem Schnellkochtopf
von Isolde Bräckle

Mit seinen vielfältigen Rezepten und Menü-Kombinationen zeigt Ihnen dieses Buch die großen Vorteile des Schnellkochtopfs im Haushalt.

Kochen bei Tisch
von Edda Meyer-Berkhout

Die Feuerspiele bei Tisch, Fondues aus Fleisch, Fisch, Käse, Gemüse, Obst; Flambieren, Toasts, pikante Waffeln – hierzu finden Sie viele Rezepte in diesem Buch.

Suppen von morgens bis Mitternacht
von Sybille Schall

Aus dem großen internationalen Suppenrepertoire ist hier eine reichhaltige Auswahl getroffen; von der stärkenden Morgensuppe bis zur Mitternachtssuppe als Krönung eines geselligen Abends.

Berühmte Gerichte aus aller Welt
von Wina Born und Edda Meyer-Berkhout

Sie reisen mit den Autorinnen durch 30 Länder der Welt, um die Meisterstücke nationaler Kochkunst kennenzulernen. Ein farbenfrohes internationales Kochbuch.

Wild und Geflügel
in der internationalen Küche von Walter Bickel in Zusammenarbeit mit einem Gremium von Fachleuten, koordiniert von René Kramer.

Dies ist die erste umfassende Darstellung der Wild- und Geflügelküche – ein unentbehrliches Handbuch und Fundgrube für alle beruflichen und privaten Wild- und Geflügelköche.